국역 시괘고오 · 시괘전

—주희와 정약용의 시괘법 대결—

국역 蓍卦考誤 · 蓍卦傳

—주희와 정약용의 시괘법 대결—

原著 : 朱熹, 丁若鏞

국역 : 黃炳起

동과서

국역 蓍卦考誤 · 蓍卦傳

—주희와 정약용의 시괘법 대결—

초판 1쇄 인쇄 2014년 7월 20일
초판 1쇄 발행 2014년 7월 25일

지은이 / 朱熹, 丁若鏞
옮긴이 / 黃昞起
편 집 / 궁리나, 황웅
표지디자인 / 북토리

펴낸곳 / 도서출판 **동과서**
서울시 영등포구 국회대로 53길 23,
태성빌딩 402호
등록번호 / 제22-405호

D.K.S. Publishing Co.
23, Gukhoe-daero 53-gil, Yeongdeungpo-gu,
Seoul, 150-038 Rep. of KOREA

전화 / (02)333-7533
팩스 / (02)6280-2353

값 15,000원

ISBN 978-89-6525-114-9 (93100)

머리말

이 책은 주희朱熹와 정약용丁若鏞의 시괘법蓍卦法과 관련한 저작을 국역하여 한 책으로 묶은 것이다. 서로 대비되는 두 사람의 시괘법을 한 책 안에서 알기 쉽게 비교하기 위한 의도로 우리말로 옮겼다.

『시괘고오蓍卦考誤』는 주희가 곽옹郭雍의 『시괘변의蓍卦辨疑』를 저본으로 주소가注疏家들의 오류를 살펴서 만든 1권으로 된 책이다. 『주희연보朱熹年譜』(王懋竑 撰, 何忠禮 點校, 중화서국)의 부록3附錄三 저술著述, 559쪽에 따르면 연대미상의 7종 가운데 하나로 기록되어 있다. 책의 구성은 『주역』「계사전」에서 시괘蓍卦와 관련된 부분을 곽옹이 주석한 내용을 기본으로 하여 주희가 다시 오류를 바로잡은 주석을 덧붙여 달아 놓은 방식으로 되어 있다. 『주희집朱熹集』(사천교육출판사 간행, 1997) 권66, 「잡저雜著」, 3475-3498쪽에 실려 있다.

곽옹郭雍(1103-1187)은 남송 하남부 낙양 사람으로, 자는 자화子和이고, 자호는 백운선생白雲先生이다. 일설에는 개봉 사람이라고도 하는데, 협주峽州(지금의 호북성 의창시) 장양산長楊山 골짜기에 은거하였다. 겸산兼山 곽충효郭忠孝(?-1126)의 아들로,

어려서 아버지의 학문을 전수하였다. 건도乾道 연간(1165-1173)에 지방관이 그를 조정에 천거하였으나 부름에 응하지 않자 의종毅宗은 충회처사冲晦處士라는 호를 내렸고, 뒤에 다시 이정선생頤正先生으로 봉하였다. 평생 『주역』을 연구하였고, 아버지 곽충효의 『겸산역해兼山易解』를 계승한 위에 자기의 독특한 견해를 밝혔으며, 겸산학파의 중요 전수자이다. 『곽씨전가역설郭氏傳家易說』 11권과 『괘사지요卦辭旨要』 6권, 『시괘변의蓍卦辨疑』 2권을 지었다. 『사고전서총목제요四庫全書總目提要』에서는 곽옹의 책에 대해 '대체로 역리易理를 분석하였고, 정전程傳과 흡사하다'고 평가하였다. 『시괘변의蓍卦辨疑』 상권에는 「강절선생설시법康節先生揲蓍法」, 「횡거선생대연설橫渠先生大衍說」, 「이천선생설시법伊川先生揲蓍法」과 「겸산곽선생시수설兼山郭先生蓍數說」이 실려 있고, 하권은 이에 대한 변증辨證으로 되어 있다.

아버지 곽충효는 정이程頤에게서 배웠으며, 『겸산역해兼山易解』를 저술했다. 정강靖康 연간(1126-1127)에 영흥군로永興軍路의 제형提刑이 되었다가 금군金軍의 침입을 방어하던 중에 전사하였다. 『송사』 「충의열전忠義列傳」의 「당중전唐重傳」 속에 곽충효의 사적이 부록으로 실려 있다. 곽충효가 죽은 후에 그가 남긴 글들은 모두 없어졌다.

곽옹은 송나라가 남쪽으로 옮긴 후, 협주峽州의 장양산長楊山 계곡에 은거하면서 『곽씨전가역설郭氏傳家易說』을 저술하였다. 그의 이론은 한결같이 곽충효에게 근원한 것이기 때문에 '전가傳家'라고 책의 이름을 지었다. 효종孝宗(1162-1189)이 관리를 파견하여 하고 싶은 말을 받아오게 하자 이 책을 진상하였다. 사적은 『송사』 「은일열전隱逸列傳」에 실려 있다.

주희는 "곽충호의 『역』은 상수의 학문에 빠져 있다"고 하였는데, 육유陸游(1125-1210)는 『곽씨전가역설』의 발문에서 "정이의 역학은 입지立之 부자가 진실로 전해준 것이다"라고 하여 주희와는 견해를 달리하였다. 입지立之는 곽충효의 자이다. 곽충효의 글은 『대역수언大易粹言』(宋, 方聞一 編)에서 인용된 것 이외에는 별도의 완전한 책이 없다. 지금 곽옹의 책을 살펴보면 대체적으로 의리義理를 분석하고 있어서 정이의 『역전易傳』과 유사한데, 그는 "『역』이라는 책은 그 도리와 말이 모두 상象으로부터 나왔기 때문에 상象을 잊어버리고서 『역』을 아는 경우는 없다. 예를 들면 건乾과 곤坤을 머리와 배, 그리고 말과 소에 대비시키는 따위는 어떤 때는 잊어버릴 수 있는데, 이것은 상象의 말류이기 때문이다"라고 하여, 실제로는 오로지 상수만을 위주로 한 것은 아니다. 따라서 육유가 발문에서 말한 것이 사실에 가까울 것이다.

곽옹은 괘사卦辭를 단彖으로 여기지 않고, 「계사전」의 '지혜로운 자는 그 단사를 본다(知者, 觀其彖辭.)'에서 '단사彖辭'는 곧 공자가 자신이 지은 「단전彖傳」을 스스로 말한 것이라고 한 바 있는데, 이에 대해 송나라 때의 풍의馮椅는 『후재역학厚齋易學』에서 곽옹의 잘못을 강하게 비판하기도 하였다.

주희가 『시괘고오』의 서문에서 밝히고 있듯이 원래 시초를 세는 방법은 「계사전」에 아주 상세하진 않지만 천천히 연구하여 앞뒤를 반복적으로 탐구한다면 누구나 알 수 있을 정도로 이미 밝혀져 있는데, 주소가들이 그 취지를 조금 잃었고, 또 그것을 변호하는 자들이 또 어긋나서 말이 많아질수록 방법 또한 더욱 복잡하고 어지러워졌다고 한다. 곽옹이 『시괘변의蓍卦辯疑』에서 인용한 것들도 그런 부류에 속하는 것들이 많기 때문에 그 잘못을 바로잡기 위해서 만들어진 것이다.

곽옹은 『주역정의周易正義』의 방법들을 기본으로 하면서 유우석, 이태백, 장횡거, 소강절, 정이천, 곽충효 등이 남긴 저작에서 타당하다고 여긴 주석들을 가져다 자신의 이론을 전개하였고, 이에 대해 주희는 그 각각의 잘잘못을 가려서 자신의 최종 견해를 밝혔다.

음영처리된 상자 안의 내용은 「계사전」의 원문과 곽옹의 주석이고, 나머지는 주희의 비평이다. 원문 교감은 각주로 처리하였고, 역자의 해설은 각 문단의 말미에 들여쓰기 편집하여 구분하기 쉽도록 하였다.

정약용은 현본 「계사전繫辭傳」 안에서 서법筮法과 관련된 내용만을 추려 별도로 「시괘전蓍卦傳」을 구성하였다. 여기에는 수數와 관련된 내용을 서법筮法과 직접 연결지어 그 방법론으로만 다루려고 하는 의도가 내포되어 있다. '상수象數'만을 놓고 볼 때, 정약용은 수數에 대해 별 관심이 없다. 예를 들어, 효사에 나오는 9와 6이라는 숫자는 효의 변화와 불변을 지칭하는 것으로써 64괘의 움직임을 바로 파악할 수 있도록 해주는 것일 뿐 어떤 신비한 형이상학적 의미로 사용된 것이 아니라고 본다. 단순한 기호숫자로 보는 것이다. 정약용이 소강절邵康節(1011-1077)의 역학을 강하게 비판하는 것도 단지 변화를 지칭하는 기호일 뿐인 숫자를 가지고 유희하면서 신비화시켰다고 여기기 때문이다.

정약용의 관심은 온통 상象에 집중되어 있다. 그래서 그의 역학을 역상학易象學으로 부를 수 있다. 상수역이나 의리역의 구분으로는 정약용의 역학을 파악할 수가 없다. 그러나 반드시 오해하지 말아야 할 것은 정약용이 말하는 상象이 괘효상이나 사물의 상만을 지칭하지 않는다는 점이다. 그가 말하는 물상의 범주 안에는 이른바 괘덕卦德, 곧 의리역학가들이 말하는 의리義理가 포함되어 있다. '물상物象'은 말 그대로 물物에서 얻어지는 이미지를 일컫는다. 이러한 이미지에는 추상과 구체의 모든 내용들이 담겨 있다. 정약용의 '물상'이라는 용어는 상수象數와 의리義理를 포괄하는 개념임에 유의할 필요가 있다.

정약용은 왕필王弼이나 주희의 의리적 해석의 내용을 거부하는 것이 아니라 해석의 방법론을 문제삼고 있다. 이는 추이推移, 물상物象, 효변爻變, 호체互體라는 역리4법을 통해 『역』을 해석해야만 괘효사의 원의를 제대로 인식할 수 있다는 그의 신념에 따른다.

정약용은 이러한 『역』 해석방법론을 근거로 경經과 전傳의 전반적인 개편을 단행하였다. 「대상전大象傳」을 별도 표장하고, 「계사전繫辭傳」에서 괘효사를 보완하는 부분이라고 간주되는 구절들은 해당 괘효사 아래에 편입시키고, 서법과 관련된 내용은 모두 「시괘전蓍卦傳」에 편입시켜 별도의 전傳을 구성하였다. 「시괘전」은 정약용이 재구성한 하나의 시괘법蓍卦法 지침서이다. 역리4법 가운데 물상을 하나의 중심축으로 하고 나머지 3법法을 적용방법으로 삼아 점술적 신비주의를 배격하기 위해 과감한 재편을 시도한 것이다.

정약용은 10익十翼이 기본적으로 철학적 진리를 담고 있기는 하지만 그것이 어떤 형이상학적 원리를 설명하고 있다고 생각지 않았다. 그가 공자10익설孔子十翼說에 회의를 갖고 10익을 재편한 양상을 보면 보다 분명해진다. 가장 큰 차이는 「문언文言」을 빼고 「대상전大象傳」을 포함시킨 것이다. 「문언」을 옛 자서字書로 간주하여 10익에서 제외하였으며, 「단전彖傳」과 「상전象傳」은 그대로 10익으로 인정하되 「상전」 가운데 괘 전체의 상象을 설명하고 있는 「대상전」을 효상을 설명하는 「소상전小象傳」과 분리하여 별도로 10익에 포함시켰다. 「계사전繫辭傳」은 그대로 10익에 남겨두되, 그 안에서 설시법揲蓍法에 관련된 내용만 분리하여 별도로 「시괘전蓍卦傳」으로 표창하였다. 그러나 「시괘전」은 공자의 10익에 포함되는 것은 아니다. 「서괘전序卦傳」과 「잡괘전雜卦傳」은 10익으로 인정하되 별도로 표창하지는 않고 각 괘 주석의 모두冒頭에 분속시켰다. 따라서 정약용이 공자의 저작으로 간주하는 것은 「단전」 상하와 「상전」 상하, 「대상전」, 「계사전」 상하, 「서괘전」, 「잡괘전」 그리고 「설괘전」 등 10편이 된다. 이 가운데 「설괘전」의 경우 일부 공자의 전문傳文이 포함되어 있긴 하지만 기본적으로 고문이라는 것이 정약용의 확신이다. 따라서 정약용이 10익을 꼭 공자 한 사람의 것으로 보지 않는다는 사실을 알 수 있다.

정약용은 10익의 내용을 주로 벽괘辟卦에서 연괘衍卦로의 추이와 효변의 양상을 설명하는 것으로 보았다. 「단전」과 「대상전」을 공자가 의리를 밝혀놓은 것으로 평가하는 것으로 보아 의리적 측면을 부정하지는 않지만, 그의 주석방식을 보면 「단전」과 「대상전」마저도 추이와 효변을 설명하는 역리서가 된다. 「대상전」 건乾괘의 전箋에서 "『역』의 도는 오직 12벽괘의 추이推移의 법을 위주로 할 뿐, 단지 하늘과 땅, 물, 불, 우레, 바람, 산, 연못이 서로 어울리거나 서로 틀어지는 상象만으로 「대상전」의 취지를 해석해선 안 된다"고 한 것을 보면 「대상전」이 담고 있는 의리적 내용 또한 추이의 법칙을 통해 얻어지는 것으로 파악하고 있음을 알 수 있다.

정약용은 「시괘전」의 서문에서 양한兩漢시대 이래로 위서

緯書가 크게 일어나서 그릇된 의미가 공공연히 나돌았고, 이런 잘못된 것들을 계승하고 습득하여 마침내 오늘에 이르렀다고 하였다. 정약용의 비판대상에는 왕필뿐만 아니라 공영달, 한강백 그리고 주희도 예외가 아니다. 정약용은 만약 공자와 주공의 뜻에 어긋난다면 과감히 도려내겠다는 의지를 가지고 「시괘전」을 구성한 것이다.

두 책이 그리 많지 않은 내용이니 독자가 자세히 읽어 시괘 방법의 차이점을 알게 된다면 역자의 미진한 점도 발견할 수 있을 것이다. 분명 오역이 있을 수 있을 텐데 따끔한 질정으로 되돌아온다면 감히 기쁘게 감사할 것이다.

2014년 7월
안동호변의 연구실에서

일러두기

▒▒ : 각각 주석의 대상이 된 원문은 음영처리하여 상자로 묶고 별도의 면으로 배치하였다. 주희 『시괘고오』의 경우 『주역』 「계사전」 원문과 곽옹의 주석이 이에 해당하고, 정약용 『시괘전』의 경우는 「계사전」 원문이 이에 해당한다.

【 】 : 저자의 쌍주雙註 표시이다.

( ) : 한자 원문이 필요한 경우는 한글漢子의 형식으로 병기하였고, 우리글로 풀이한 것은 괄호에 한자를 넣었다.

【교감】 : 원문과 이본을 대조하여 수정하거나 비교한 것은 각주로 처리하였다. 주희의 『시괘고오』의 경우는 『주희집朱熹集』(사천교육출판사 간행, 1997) 권66, 「잡저雜著」에 교감된 것을 인용한 것이 있고, 『주자대전차의집보朱子大全箚疑輯補』(李恒老 編著, 李埈 參訂, 한국학자료원 영인본, 1985) 제10책의 주석을 인용한 것이 있다. 정약용의 『시괘전』의 경우 신조선사본 『여유당전서與猶堂全書』를 저본으로 하고 규장각필사본과 국립중앙도서관필사본을 대조하여 교감하였다.

『 』 : 책표시이다.

「 」 : 편표시이다.

* : 역자의 해설을 덧붙인 해당 본문의 끝에 단 기호이다. 역자의 해설은 해당 문단 아래에 들여쓰기 편집으로 구분하였다.

차 례

朱熹의

蓍卦考誤

시괘와 관련한 오해를 살핌

揲蓍之法見於「大傳」, 雖不甚詳, 然熟讀而徐究之, 使其前後反復, 互相發明, 則亦無難曉者. 但疏家小失其指, 而辯之者又大失焉, 是以說愈多而法愈亂也. 因讀郭氏『辯疑』, 爲考其誤云.

시초를 세는 방법은 「역대전」(계사전)에 나오는데 아주 상세하진 않지만 익숙하게 읽고 천천히 연구하여, 앞뒤를 반복적으로 서로 밝혀낸다면 그리 알기 어려운 것도 없다. 다만 주소가들이 그 취지를 조금 잃은 것을 변호하는 자들이 또 크게 잃어버려서 말이 많아지면 많아질수록 방법 또한 더욱 어지러워졌다. 따라서 곽옹*의 『주역변의周易辯疑』에서 그 잘못을 고찰한 부분을 읽어보도록 하자.

『시괘고오蓍卦考誤』의 서문에 해당하는 글이다.

『시괘고오蓍卦考誤』는 주희가 곽옹郭雍의 『시괘변의蓍卦辨疑』를 저본으로 주소가注疏家들의 오류를 살펴서 만든 1권으로 된 책이다. 『주희연보朱熹年譜』(王懋竑 撰, 何忠禮 點校, 중화서국)의 부록3附錄三 저술著述, 559쪽에 따르면 연대미상年代未詳 7종 가운데 하나로 기록되어 있다. 책의 구성은 『주역』 「계사전」에서 시괘蓍卦와 관련된 부분을 곽옹이 주석한 내용을 기본으로 하여 주희가 다시 오류를 바로잡은 주석을 덧붙여 달아 놓은 방식으로 되어 있다. 『주자대전朱子大全』 권66(3473쪽)에 실려 있다.

*곽옹郭雍(1103-1187)은 남송 하남부 낙양 사람으로, 자는 자화子和이고, 자호는 백운선생白雲先生이다. 일설에는 개봉 사람이라고도 하는데, 협주峽州(지금의 호북성 의창시)에 은거하였다. 겸산兼山 곽충효郭忠孝(?-1126)의 아들로, 어려서 아버지의 학문을 전수하고 은거할 때 장양산長楊山 골짜기를 방랑하였다. 건도乾道 연간(1165-1173)에 현사로 등용할 수 없게 되자 충암처사冲庵處士(冲晦處士)라는 호를 받았고, 뒤에 다시 이정선생頤正先生으로 봉해

졌다. 평생 『주역』을 연구하였고, 아버지 곽충효의 『역설』을 계승한 위에 자기의 독특한 견해를 밝혔으며, 겸산학파의 중요 전수자이다. 『곽씨전가역설郭氏傳家易說』 11권과 『괘사지요卦辭旨要』 6권, 『시괘변의蓍卦辨疑』 2권을 지었다. 『사고전서총목제요四庫全書總目提要』에서는 곽옹의 책에 대해 '대체로 역리易理를 분석하였고, 정전程傳과 흡사하다'고 평가하였다.

『시괘변의蓍卦辨疑』 상권에는 「강절선생설시법康節先生揲蓍法」, 「횡거선생대연설橫渠先生大衍說」, 「이천선생설시법伊川先生揲蓍法」과 「겸산곽선생시수설兼山郭先生蓍數說」이 실려 있고, 하권은 이에 대한 변증辨證으로 되어 있다.

"大衍之數五十, 其用四十有九. 分而爲二以象兩, 掛一以象三. 揲之以四以象四時. 歸奇於扐以象閏. 五歲再閏, 故再扐而後掛."

"대연의 수 50 가운데 사용하는 것은 49이다. 둘로 나누어서 양의를 상징하고, 한 개를 걸어서 삼재를 상징한다. 넷씩 세어서 사시를 상징하고 나머지를 손가락 사이에 끼워서 윤달을 상징한다. 5년에 두 번 윤달이 있으므로, 두 번 끼운 뒤에 건다."

『正義』曰, "推演天地之數, 唯用五十策. 就五十策中去其一, 餘所用者, 四十有九. 合同未分, 是象太一也. 分而爲二以象兩者, 以四十九分而爲二, 以象兩儀也.【此以上係節文.】掛一以象三者, 就兩儀之間, 於天數之中分掛其一, 而配兩儀, 以象三才也. 揲之以四以象四時者, 分揲其蓍, 皆以四四爲數以象四時也. 歸奇於扐以象閏者, 奇謂四揲之餘. 歸此殘奇於所扐之策而成數, 以法象天道, 歸殘聚餘, 分而成閏也. 五歲再閏者, 凡前閏後閏相去略三十二月, 在五歲之中, 故五歲再閏. 再扐而後掛者, 既分天地, 天於左手, 地於右手, 乃四四揲天之數, 最末之餘, 歸之合於扐掛之一處, 是一揲也. 又以四四揲地之數, 最末之餘, 又合於前所歸之扐而總掛之, 是再扐而後掛也."

『정의』에서 말하기를, 천지의 수를 미루어 부연하는 데에는 오직 50개의 시초만을 쓴다. 50개의 시초 가운데 그 하나를 제거하면 나머지 사용되는 것은 49개이다. 합동이 나눠지지 않은 것은 태일太一을 상징한다. 둘로 나눠서 양의를 상징한다는 것은 49개를 둘로 나눠서 양의를 상징한다는 말이다.【이 이상은 절문節文*이다.】 한 개를 걸어서 삼재를 상징한다는 것은 양의의 사이에 하늘의 수 가운데서 한 개를 따로 걸어서 양의에 짝하게 하여 3재를 상징한다는 것이다. 넷씩 세어서 4시를 상징한다는 것은 시초를 나누어 셀 때 모두 넷씩 세어서 4시를 상징한다는 말이다. 나머지를 손가락 사이에 끼워서 윤달을 상징한다고 할 때 나머지라는 것은 넷씩 세고 난 뒤의 나머지를 가리킨다. 이 나머지를 끼여진 시초에 귀속시켜 셈하여서 하늘의 도가 잔여분을 귀속시키고 모아서 윤달을 이루는 것을 본뜬 것이다. 5년에 두 번 윤달이 온다는 것은 무릇 앞의 윤달과 뒤 윤달 사이의 거리가 대략 32개월인데 그것이 5년 안에 있으므로 5년에 두 번 윤달이 오는 것이다. 두 번 끼운 뒤에 건다는 것은 이미 하늘과 땅으로 나뉜 뒤에 하늘을 왼손에 땅을 오른손에 끼고 넷씩 하늘의 수를 센 다음 가장 마지막의 나머지를 거기에 귀속시키고 끼워 걸었던 한곳에 합하는 것이 한 번 세는 것이다. 또 넷씩 땅의 수를 센 다음 가장 마지막의 나머지를 또 앞서 손가락 사이에 귀속시켰던 곳에 합하여 모두 거는 것이 두 번 끼운 다음에 건다는 것이다.

곽옹郭雍의 『시괘변의蓍卦辨疑』의 글이다.

*절문節文은 공영달의 소 가운데 중간중간 생략한 부분이 있어서 쓴 말이다. '괘일이상삼자掛一以象三者' 이하는 생략된 부분 없이 전문을 실었다.(『節補』)

※이하 역자의 해설에 인용된 서목들은 다음과 같다.

『절보節補』: 녹문鹿門 임성주任聖周의 『차의절보箚疑節補』

『익증翼增』: 간재艮齋 홍의영洪儀泳의 『차의익증箚疑翼增』

『차의箚疑』: 우암尤庵 송시열宋時烈이 편찬을 시작하여 문인 권상하權尙夏, 김창협金昌協, 정호鄭澔, 이희조李喜朝, 이기홍李箕弘 그리고 우암의 손자 송주석宋疇錫이 완성한 『주자대전차의朱子大全箚疑』

『문목問目』: 농암農巖 김창협金昌協의 『차의문목箚疑問目』

『표보標補』: 대산臺山 김매순金邁淳의 『차의문목표보箚疑問目標補』

今考,『正義』之說, 大槩不差, 但其文有濶略不備及顚倒失倫處, 致人難曉. 又解'掛'·'扐'二字, 分別不明, 有以大起諍論. 而'是一揲也'之'揲', 以傳文及下文考之, 當作'扐'字, 則恐傳寫之誤耳. 今頗正之, 其說如左.

지금 살피건대,『정의』의 설은 대체적으로 어긋남이 없지만, 그 글에 자세하지 못하여 갖추지 못한 것과 전도되어 순서를 잃은 곳이 있어 사람들로 하여금 알기 어렵게 하였다. 또 '괘'와 '륵' 두 자를 해석할 때 구분이 명확하지 않아 논쟁을 크게 일으켰다. 또 '이것이 한 번 세는 것이다'라고 할 때의 셀 '설揲'자는「역대전」의 문장 및 그 아래의 문장으로 볼 때 마땅히 '륵扐'자가 되어야 하니, 아마도 전사자의 실수일 것이다. 이제 아래와 같이 바로잡는다.

云'大衍之數五十其用四十有九'者, 五十之內去其一, 但用四十有九策. 合同未分, 是象太一也. '分而爲二'者, 以四十九策分置左右兩手. '象兩'者, 左手象天, 右手象地, 是象兩儀也. '掛一'者, '掛', 猶懸也, 於右手之中, 取其一策, 懸於左手小指之間. '象三'者, 所掛之策所以象人而配天地, 是象三才也. '揲之以四'者, 揲, 數之也. 謂先置右手之策於一處, 而以右手四四而數左手之策, 又置左手之策, 而以左手四四而數右手之策也. '象四時'者, 皆以四數, 是象四時也. '歸奇於扐'者, '奇', 零也, '扐', 勒也. 謂旣四數兩手之策, 則其四四之後必有零數, 或一或二, 或三或四. 左手者, 歸之於第四第三指之間, 右手者, 歸之於第三第二指之間而勒之也. '象閏'者, 積餘分而成閏月也. '五歲再閏, 故再扐而後掛'者, 凡前後閏相去大略三十二月, 在五歲之中. 此掛一·揲四·歸奇之法, 亦一變之間, 凡一掛·兩揲·兩扐, 爲五歲之象. 其間凡兩扐以象閏, 是五歲之中凡有再閏. 然後置前掛·扐之策, 復以見存之象分二·掛一而爲第二變也.

'대연의 수 50에서 사용하는 것은 49개이다'라는 말은, 50개 안에서 그중 한 개를 제거하고 다만 49개의 시초를 쓴다는 뜻이다. 함께 합쳐서 나눠지지 않은 것은 태일을 상징한다. '둘로 나뉜다'는 말은 49개의 시초를 좌우 양손에 나누어 놓는다는 뜻이다. '양의를 상징한다(象兩)'는 말은 왼손에 있는 것들은 하늘을 상징하고 오른손에 있는 것들은 땅을 상징하니 이것이 양의를 상징하는 것이다. '하나를 건다(掛一)'는 말에서 걸 '괘掛'자는 마치 매단다는 뜻과 같으니, 오른손 안에서 한 개의 시초를 취하여 왼손 새끼손가락 사이에 매단다는 것이다. '3재를 상징한다(象三)'는 말은 걸어놓은 시초가 사람을 상징하여 하늘과 땅에 짝하니 이것이 3재를 상징하는 것이다. '넷씩 센다(揲之以四)'는 말에서 셀 '설揲'자는 헤아린다는 뜻이니, 먼저 오른손의 시초를 한곳에 내려놓고 오른손으로 넷씩 왼손의 시초를 세고, 또 왼손의 시초를 내려놓고 왼손으로 넷씩 오른손의 시초를 센다는 뜻이다. '4시를 상징한다(象四時)'는 말은 모두를 넷씩 헤아리는 것, 이것이 4시를 상징한다는 것이다. '나머지를 손가락 사이에 끼운다(歸奇於扐)'는 말에서 '기奇'는 우수리를 가리키며 '륵扐'은 끼운다는 뜻이다. 이미 두 손의 시초를 넷씩 세었다면 넷씩 센 뒤에는 반드시 우수리가 있게 되는데 1이 되기도 하고 2 또는 3, 4가 되기도 한다. 왼손에 있던 것들은 네 번째와 세 번째 손가락 사이에 모으고 오른손에 있던 것들은 세 번째와 두 번째 손가락 사이에 모아 끼운다는 말이다. '윤달을 상징한다(象閏)'는 말은 여분을 모아서 윤달을 이룬다는 뜻이다. '5년에 두 번 윤달이 오므로 두 번 손가락에 끼운 뒤에 건다'는 말은 앞뒤 윤달 사이의 거리가 대략 32개월인데 이것이 5년 안에 있다는 것이다. 이러한 괘일掛一·설사揲四·귀기歸奇의 방법은 또한 1변하는 사이에 무릇 한 번 겲, 두 번 셈, 두 번 끼움이 있어서 5년의 상이 되고, 그 사이에 무릇 두 번 끼워서 윤달을 상징하니 이것이 5년 안에 늘 두 번 윤달이 있다는 것이다. 그 뒤에 앞서 손가락에 걸고 끼웠던 시초를 내려놓고 다시 남아있는 상으로서 둘로 나누고 하나를 걸어서 제2변이 된다.

“四營而成易, 十有八變而成卦.”

“네 번 경영하여 변화를 이루고, 열여덟 번 변하여 괘를 이룬다”는 것에 대해.

『正義』曰, “‘四營而成易’者, ‘營’謂經營, 謂四度經營蓍策, 乃成易之一變也. ‘十有八變而成卦’者, 每一爻有三變, 謂初一揲不五則九, 是一變也, 第二揲不四則八, 是二變也, 第三揲亦不四則八, 是三變也. 若三者俱多爲老陰, 謂初得九, 第二第三俱得八也. 若三者俱少爲老陽, 謂初得五, 第二第三俱得四也. 若兩少一多爲少陰, 謂初與二三之間, 或有四, 或有五而有八也, 或有二箇四而有一箇九, 此爲兩少一多也. 其兩多一少爲少陽者, 謂三揲之間, 或有一箇九, 有一箇八而有一箇四, 或有二箇八而有一箇五, 此爲兩多一少也. 如此三變既畢, 乃定一爻. 六爻則十有八變, 乃定一卦. 則十有八變, 乃其始成卦也.”

『주역정의』에서는 “‘네 번 경영하여 변화를 이룬다’는 것에서 ‘영營’은 경영의 뜻이니 네 번 시책을 경영하여야 역易의 1변을 이룬다는 말이다. ‘열여덟 번 변하여 괘를 이룬다’는 것에서 한 효마다 세 번 변함이 있는 것이니 처음 한 번 셀 때 5가 아니면 9가 되는 것을 1변이라 하고, 두 번째로 셀 때 4가 아니면 8이 되는 것을 제2변이라 하고, 세 번째 셀 때도 4가 아니면 8이 되는 것을 제3변이라 하는 것을 이른다. 만약 세 번 모두 노음이 되는 경우가 많다면 첫 번째는 9를 얻고 두 번째, 세 번째에는 모두 8을 얻는다. 만약 세 번 모두 노양이 되는 경우가 적으면 첫 번째는 5를 얻고 두 번째, 세 번째에는 모두 4를 얻는다. 만약 두 번은 적고 한 번은 많으면 소음이 되니 첫 번째와 두 번째, 세 번째 사이에 혹 4가 있고, 혹 5가 있거나 8이 있게 되고, 혹 두 개는 4이고 한 개가 9인 경우도 있으니, 이것이 두 번은 적고 한 번은 많다는 것이다. 그 두 번은 많고 한 번은 적은 것이 소양이 된다는 것은 세 번 세는 사이에 혹 한 개의 9와 한 개의 8과 한 개의 4가 있거나, 혹 두 개의 8과 한 개의 5가 있는 것을 이르니, 이것이 두 번은 많고 한 번은 적은 것이 된다. 이와 같이 3변이 끝나야 한 효가 결정된다. 여섯 효라면 18변이 있어야 한 괘가 결정된다. 따라서 18변이어야 비로소 괘가 완성되는 것이다.

『正義』又曰, "老陽數九, 老陰數六, 老陽·老陰皆變. 『周易』以變者爲占, 故陽爻稱九, 陰爻稱六. 所以老陽數九, 老陰數六者, 以揲蓍之數, 九過揲則得老陽, 六過揲則得老陰. 其少陽稱七, 少陰稱八, 義準此." 【見乾卦初九下.】

『주역정의』에서 또 "노양의 수가 9이고 노음의 수가 6이니, 노양과 노음은 모두 변한다. 『주역』은 변한 것으로 점을 치므로* 양효를 9라 칭하고 음효를 6이라 칭한다. 노양의 수가 9이고 노음의 수가 6이 되는 까닭은 시초를 센 수가 아홉 번 이미 세었다면* 노양을 얻고 여섯 번 이미 세었다면 노음을 얻는다. 소양을 7이라 하고 소음을 8이라 하는 것도 이에 준한다.【건괘 초9 아래에 보인다.】

劉禹錫曰, "一變遇少, 與歸奇而爲五, 再變遇少, 與歸奇而爲四, 三變如之. 是老陽之數分揩手指間者, 十有三策焉. 其餘三十有六, 四四而運, 得九是已."【餘三象同.】 又曰, "第一指【餘一益三, 餘二益二, 餘三益一, 餘四益四.】, 第二指【餘一益二, 餘二益一, 餘三益四, 餘四益三.】, 第三指【與第二指同.】."

유우석劉禹錫*은 "1변하여 소양·소음을 만나면 나머지와 함께 5가 된다. 2변하여 소少를 만나면 나머지와 함께 4가 된다. 3변도 이와 같다. 이 노양의 수가 손가락 사이에 나뉘어 놓여지는 것은 13개이다. 그 나머지 36개는 넷씩 다스려서 9를 얻을 뿐이다"고 말했다.【나머지 셋의 상도 같다.】 또 "엄지*【남은 하나에 셋을 보태거나, 남은 2에 2를 보태거나, 남은 3에 1을 보태거나, 남은 4에 4를 보탠다.】, 검지【남은 1에 2를 보태거나, 남은 2에 1을 보태거나, 남은 3에 4를 보태거나, 남은 4에 3을 보탠다.】, 중지【검지와 같다.】”라고 하였다.

李泰伯曰, “聖人揲蓍, 虛一分二, 掛一揲四, 歸奇再扐, 確然有法象, 非苟作也. 故五十而用四十有九, 分於兩手, 掛其一, 則存者四十八, 以四揲之, 十二揲之數也. 左手滿四, 右手亦滿四矣. 乃扐其八而謂之多. 左手餘二, 右手亦餘二矣, 乃扐其四而謂之少. 三少[1]則扐十二, 并掛而十三, 其存者三十六, 爲老陽. 以四計之, 則九揲也. 故稱九. 三多, 則扐二十四, 并掛而二十五, 其存者二十四, 爲老陰. 以四計之, 則六揲也, 故稱六. 一少兩多, 則扐二十, 并掛而二十一, 其存者二十八, 爲少陽. 以四計之, 則七揲也, 故稱七. 一多兩少, 則扐十六, 并掛而十七. 其存者三十二, 爲少陰. 以四計之, 則八揲也, 故稱八. 所謂七八九六者, 盖取四象之數也.”

이태백李泰伯*이 말했다. “성인이 시초를 셀 때 1을 비워 2로 나누고, 1을 걸어 4를 세고, 나머지를 합쳐 두 번 끼우는 것은 뚜렷이 법상이 있는 것이니 구차하게 지은 것이 아니다. 그러므로 50개에서 49개를 쓰고, 두

1) 【교감】 三少: 『차의』에서 “少자 아래에 ‘三少’ 두 자가 빠진 것 같다”고 하였고, 『주희집』(사천판)에서도 『정와正訛』에 의거하여 보충해 넣었으므로, 여기에서도 보충해 넣는다.

손에 나누어서 그 하나를 건다면 남아있는 것은 48개이니 그것을 넷씩 센다면 12번 세는 수이다. 왼손이 4로 찬다면 오른손도 4로 찬다. 이에 그 8개를 손가락 사이에 끼우고 그것을 많다고 이른다. 왼손에 2개가 남고 오른손도 2개가 남는다면 그 4개를 손가락 사이에 끼우고 그것을 적다고 한다. 세 번 적은 것이 나오면 12개를 끼우고 나서 걸어놓은 한 개를 합하여 13개가 되니, 남아있는 36개는 노양이 되어 넷씩 센다면 9번 세는 것이므로 9라 칭한다. 3번 많은 것이 나오면 24개를 손가락에 끼우고 나서 걸어놓은 1개를 합하여 25개가 되니, 그 남아있는 24개는 소음이 되어 넷씩 센다면 여섯 번 세는 것이므로 6이라 칭한다. 한 번은 적고 두 번은 많다면 20개를 끼우고 나서 걸어놓은 한 개를 합하여 21개가 되니 그 남아있는 28개는 소양이 되어 넷씩 센다면 7번 세는 것이므로 7이라 칭한다. 한 번은 많고 두 번은 적다면 16개를 끼우고 나서 걸어놓은 한 개를 합하여 17이 되니 그 남아있는 32개는 소음이 되어 넷씩 센다면 8번 세는 것이므로 8이라 칭한다. 이른바 7, 8, 9, 6은 모두 4상의 수를 취한 것이다."

---

*변효를 취하여 그 효사로 점을 친다. 대개 여섯 효는 어디에도 점치는 것이 없으므로, 그 변한 것을 취한다.(取變爻而占其辭, 盖六爻莫適爲占, 故取其變也.)(『익증』)

*매번 넷씩 세는데 무릇 아홉 차례를 세어서 땅에 놓으니, 이것이 과거에 이미 세어놓은 것이다.(謂每揲以四, 凡九次揲之, 而置之於地, 是其所過去之揲也.)(『익증』)

*유우석劉禹錫: 당나라 중산中山 사람으로, 자는 몽득夢得이다. 중당中唐 시기의 저명한 문학가로 저서에 『변역구육론變易九六論』 1권이 있다. 문집으로 『중산집中山集』이 있다. 『변역구육론』은 설시법揲蓍法에 관한 저서이다. 유우석은 본래 역학으로 이름이 난 사람이 아니지만, 『경의고經義考』 권15에 그가 동생董生과 역효易爻구육九六의 수를 토론한 일화가 기록되어 있고, 그 가운데 필중화畢中和와 석일행釋一行 등 역학가에 대해서도 언급하고 있다. 이를 통해 보면 당시 문인들의 역학에 대한 열의를 볼 수 있다.

*제일지第一指: 제1변을 가리킨다. 그 방법에 왼손에 남은 한 개를 끼운다면 오른손에 남은 세 개를 끼운다는 말 이하가 모두 그러하다. 익益은 여餘와 같다. 다만 익益자에는 병통이 있어서 선생이 아래에서 변론하고 있다. 제이지第二指는 곧 제2, 제3변을 가리킨다. 계속해서 손가락 지指자를 사용한 것이 3변한 시초를 꿰어서 함께 한 손의 세 손가락 사이에 합치기 때문이라는 것은 잘못된 것이다. 아래에서 또한 변론하고 있다.(『익증』)

*이태백李泰伯: 이구李覯(1009-1059)를 가리킨다. 이구는 북송 건창군建昌軍 남성南城(현재의 강서성에 속한다.) 사람으로, 자가 태백泰伯이다. 우강서원盱江書院을 창설하였기 때문에 학자들은 그를 우강선생이라 칭했다. 이구는 일찍이 범중엄范仲淹(范文正)의 문하에 객이 되어 범중엄이 영도하는 개혁활동에 참가한 일이 있다. 만년에 범중엄에 의해 태학조교로 추천되었다. 전반적으로 그의 역학관점은 의리파의 경향을 지니고 있다. 단 그는 유목의 상수학을 비판하면서도 유목의 상수학으로부터 깊은 영향을 받았다. 저작은 『우강집盱江集』으로 엮었는데, 그 가운데 역학 관련 저작으로 『역론易論』 1권과 『산정유목역도서론删定劉牧易圖序論』이 있다.

今考三家之說, 『正義』大槩得之. 但不推多少所以爲陰·陽·老·少之數, 又以過揲之數已見乾卦而遂不復言, 此爲太略. 而'易'字之解·三揲之分, 亦爲小疵. 劉氏蓋合『正義』二說而言, 其法始備. 然其曰遇多遇少與歸奇爲若干, 則是誤以兩扐爲所遇而謂掛一爲歸奇矣. 其曰"餘三十有六策, 四四而運, 得九", 則是反以過揲爲餘數, 而又必再運之矣. 此皆不如『正義』之名正而法簡. 其論第一指與第二指·第三指之餘數不同, 則雖爲三變, 皆掛之法. 然曰餘若干而益若干, 則爲揲左不揲右, 而不免有以意增益之嫌. 其以三變掛扐之策分措于三指間, 則初變之扐誤并於掛, 再變之掛誤并於扐, 亦爲失之. 且一手所操多至二十五策, 亦繁重而不便於事矣. 李氏之說最爲簡易, 而分別掛·扐爲明白. 但其法爲多者一, 爲少者三, 而不知二變多少之各二. 且曰'扐十二, 并掛一爲十三', 而不知扐十并掛三爲十三【餘三象同.】, 則是後二[2]變不掛而不若劉說之爲得也. 今皆正之如左方云.

지금 살피건대, 세 주장* 가운데 『정의』의 설이 대체적으로 옳다. 그러나 다소多少가 음양노소의 수가 되는 까닭에 대해서는 추리하지 않았고*, 또 과설過揲(과거에 세어놓음)의 수가 이미 건괘乾卦에 나온다*는 이유로 다시 말하지 않았으니, 이는 너무 소략하다. 또 '역易'자의 해석과 세 번 세는 것의 구분도 작은 흠*이다. 유우석이 『정의』의 두 주장을 종합하여 그 방법이 비로소 갖추어졌다. 그러나 그가 많은 수를 만난다거나(遇多) 적은 수를 만난다거나(遇少) 나머지와 합쳐서 약간의 수가 된다고 말한 것들은, 곧 두 번 끼운 수

2) 【교감】 二: 원래는 '三'자로 되어 있는데 송나라 閩本과 浙本에 근거하여 바로잡는다.(『주희집』)

를 만난 것으로 오인하여, 걸었던 한 개(掛一)를 가지고 나머지와 합친다(歸奇)*고 말하는 것이다.* 그가 "그 나머지 36개는 넷씩 다스려서 9를 얻는다"고 한 말은, 거꾸로 과거에 세어놓은 수를 나머지 수로 삼는 것이어서 또 반드시 다시 운용할 수밖에 없는 것이다. 이는 모두 『정의』의 명칭이 바르고 방법이 간단한 설명보다 못하다. 그가 논한 제1변, 제2변, 제3변의 나머지 수가 같지 않다면 비록 3변이라 하더라도 모두 거는 방법이다. 그러나 남은 약간의 수에 약간의 수를 보탠다고 말한다면 왼손의 것은 세고 오른손의 것은 세지 않는 것이 되어 의도적으로 보탠다는 혐의를 면할 수 없다. 그가 3변 중에 걸고 끼웠던 책수를 세 손가락 사이에 나누어 둔다면 제1변에서 끼웠던 것을 걸었던 것에 잘못 합치게 되고, 제2변에서 걸었던 것을 끼웠던 것에 잘못 합치게 되니 역시 잘못이다. 게다가 한손에 잡은 것이 많게는 25책에 이르는 것도 번거롭고 무거워서 일에 불편하다. 이태백의 설명이 가장 간단하고 쉬우며, '괘掛'와 '륵扐'에 대한 구별도 분명하다. 다만 그 방법에 있어 많은 수가 되는 것은 한 번이고 적은 수가 되는 것은 세 번이어서 2변의 많고 적음이 각각 두 번인지를 모르겠다. 게다가 "12개를 끼워서 걸었던 한 개를 합하여 13이 된다"고 하였지만 10개를 끼워서 걸었던 3개를 합쳐도 13이 된다면 【나머지 셋의 상도 같다.】 뒤의 3변은 걸지 않는다는 것이니, 유우석의 설명이 타당한 것과는 다르다.

이제 그것을 모두 바로잡아 아래와 같이 정정하겠다.

*삼가三家: 『정의』와 유우석, 이태백을 가리킨다.(『차의』)

*다소는 걸고 끼웠던 책수의 많고 적음을 이른다. 걸고 끼웠던 수가 9, 8이면 다多가 되고, 4, 5이면 소少가 된다. 아랫글에서 말한 '삼소三少가 노양이 된다'는 말은 3변 중에 각각 한 번 센 수를 얻어 3×3이 9가 되고, '삼다三多가 노음이 된다'는 것은 3변 중에 각각 두 번 센 수를 얻어 3×가 6이 된다고 하는 것 등이 이것이다. 지금 『정의』에서는 단지 다소多少의 수가 음양노소가 된다는 것만을 나열하고 그것이 9, 6, 7, 8의 수가 되는 까닭을 언급하지 않았으므로, 너무 소략하다고 한 것이다. 아랫글에서 처음 그것을 나열하였다.(『익증』) 다소多少의 수는 곧 아랫글의 위삼위사圍三圍四의 설 및 거일함구居一含九, 거이함팔居二含八 등과 같은 설이다.(『절보』)

*곧 위의 '정의우왈正義又曰'의 설을 가리키는데, 이는 곧 건괘에 대한 공영달의 소문疏文이다. '다시 말하지 않았다'는 것은 이곳 「계사」의 소문에서 과설의 수를 다시 말하지 않았다는 뜻이다. (『익증』)

*'역'은 '변變'자의 뜻이니, 『정의』의 '역지일변易之一變'은 중첩된 말이다. 『정의』에서 논한 '소음의 세 번 세는 순서로 보면, 5는 4 위에 있어야 하는데 도리어 가운데에 거하고, 9는 2, 4의 위에 있어야 하는데 도리어 아래에 거한다. 소양의 세 번 세는 순서로 보면, 5는 2, 8의 위에 있어야 하는데 도리어 아래에 있다'고 하는 말은 가지런히 정돈되어 있지 않으니, 바로 선생이 말한 '작은 흠'이 이를 가리키는 듯하다.(『차의』) '설揲'은 넷씩 시초를 세는 동작의 명칭이다. 매번 1변 중에 여러 번 세는 동작이 있다. 『정의』에서 '일설一揲'을 '일변一變'에 해당시켜 제1설, 제2설 등이라 하였으니, 그 분배가 마땅함을 잃었으므로, '작은 흠'이라 한 것이다.(『익증』)

*이미 '우다遇多'·'우소遇少'라고 말했다면, '귀기歸奇'는 이미 그 속에 포함되어 있는 것이다. 그런데 이제 별도로 '나머지를 합쳐

서 약간의 수가 된다'고 말하고 있으니, 이는 '괘일掛一'을 '귀기歸奇'라고 말하는 것이다.(『익증』)

*시법蓍法에 있어 3변 뒤에 얻어진 소로少老의 수를 가지고 만남(遇)을 삼는데, 지금은 두 번 끼우는 것을 가지고 만난다고 하니 잘못이다.(『익증』)

'四營而成易'者, '營'謂經營, '易'即變也, 謂分二·掛一·揲四·歸奇, 凡四度經營蓍策, 乃成一變也. '十有八變而成卦'者, 謂既三變而成一爻, 復合四十九策, 如前經營以爲一變, 積十八變, 則成六爻而爲一卦也. 其法, 初一變兩揲之餘爲掛扐者, 不五則九, 第二變兩揲之餘爲掛扐者, 不四則八, 第三變兩揲之餘爲掛扐者, 亦不四則八. 五四爲少, 九八爲多. 若三變之間一五兩四, 則謂之三少. 一九兩八, 則謂之三多, 或一九一八而一四, 或一五而二八, 則謂之兩多一少, 或一九而二四, 或一五一四而一八, 則謂之兩少一多, 盖四十九策去其初掛之一, 而存者四十八, 以四揲之爲十二揲之數. 四五爲少者, 一揲之數也. 八九爲多者, 兩揲之數也. 一揲爲奇, 兩揲爲偶, 奇者, 屬陽而象圓, 偶者, 屬陰而象方. 圓者, 一圍三而用全, 故一奇而含三. 方者, 一圍四而用半, 故一偶而含二也. 若四象之次, 則一曰太陽, 二曰少陰, 三曰少陽, 四曰太陰, 以十分之, 則居一者含九, 居二者含八, 居三者含七, 居四者含六, 其相爲對待, 而具於洛書者, 亦可見也. 故三少爲老陽者, 三變各得一揲之數而三三爲九也. 其存者三十六, 而以四數之, 復得九揲之數也. 左數右策, 則左右皆九, 左右皆策, 則一而圍三也. 三多爲老陰者, 三變各得兩揲之數, 而三二爲六也. 其存者二十四, 而以四數之, 復得六揲之數也. 左數右策, 則左右皆六, 左右皆策, 則圍四用半也. 兩多一少爲少陽者, 三變之中, 再得兩揲之數, 一得一揲之數, 而二[3]二一三爲七也. 其存者二十八, 而以四數之, 復得七揲之數也. 左數右策, 則左右皆七, 左右皆策, 則方二圓一也. 【方二謂兩八, 圓一謂一十二.】 兩少一多爲少陰者, 三變之中, 再得一揲之數, 一得兩揲之數, 而二三一二爲八也. 其存者三十二, 而以四數之, 復得八揲之數也. 左數右策, 則左右皆八, 左右皆策, 則圓二方一也. 【圓二謂兩十二, 方一謂一八.】

'네 번 영營하여 역易을 이룬다'는 것에서, '영營'은 경영함을 이르고 '역易'은 곧 변變이다. 둘로 나눔·하나를 걺·넷씩 셈·나머지를 모음, 이렇게 네 차례 시책을 경영하여 1변을 이룸을 가리킨다. '18변하여 괘를 이룬다'는 것은 이미 3변하여 1효를 이루고 다시 49책을 합하여 앞에서처럼 경영하는 것을 1변으로 삼아 18변을 쌓게 되면 6효를 이루어 1괘가 만들어진다. 그 방법은 첫 1변에서 두 번 세고 난 나머지가 걸고 끼워진 수는 5가 아니면 9이고, 제2변에서 두 번 세고 난 나머지가 걸고 끼워진 수는 4가 아니면 8이고, 제3변에서 두 번 세고 난 나머지가 걸고 끼워진 수도 4가 아니면 8이다. 5와 4는 적은 수이고, 9와 8은 많은 수이다. 만약 3변하는 사이에 5가 한 번, 4가 두 번 나오면 3소少라고 하고, 9가 한 번 8이 두 번 나오면 3다多라고 한다. 혹 9가 한 번, 8이 한 번, 4가 한 번 나오거나 5가 한 번, 8이 두 번 나오면 양다일소兩多一少라고 한다. 혹 9가 한 번, 4가 두 번 나오거나, 5가 한 번 4가 한번, 8이 한 번 나오면 양소일다兩少一

3) 【교감】 二: "위의 3은 마땅히 2여야 한다."(『익증』) 이에 따라 3을 2로 바로잡는다.

多라고 한다. 49개의 시책에서 처음 걸었던 1개를 빼면 남아 있는 것은 48개로서 넷씩 셀 때 12번 세는 수이다. 4와 5가 적은 수라고 한 것은 한 번 세는 수이기 때문이다. 8과 9가 많은 수라고 한 것은 두 번 세는 수이기 때문이다. 한 번 세는 것은 홀수(奇)가 되고, 두 번 세는 것은 짝수(偶)가 된다. 홀수는 양에 속하여 원을 상징하고 짝수는 음에 속하여 모를 상징한다. 원은 하나의 둘레가 3인데 전체를 사용하므로 하나의 홀수는 3을 머금는다. 모는 하나의 둘레가 4인데 반을 사용하므로 하나의 짝수는 2를 머금는다. 사상의 순서로 볼 때 1은 태양, 2는 소음, 3은 소양, 4는 태음인데, 그것을 10으로 나누게 되면, 1에 거한 것은 9를 머금고, 2에 거한 것은 8을 머금고, 3에 거한 것은 7을 머금고, 4에 거한 것은 6을 머금으니, 그것들이 서로 대대對待하여 「낙서洛書」에 갖추어진 것을 또한 볼 수 있다. 그러므로 3소가 노양이 되는 것은 3변 중에 각각 한 번 세는 수를 얻어 3×3=9가 되고, 그 남아있는 것 36개를 넷씩 세어도 다시 아홉 번 세는 수를 얻기 때문이다. 왼손으로 오른쪽 시책을 세었을 때 좌우가 모두 9이면 좌우의 모든 시책은 하나이면서 둘레가 3이다. 3다가 노음이 되는 것은 3변 중에 각각 두 번 세는 수를 얻어 3×2=6이 되고, 그 남아있는 24개를 넷씩 세어도 다시 여섯 번 세는 수를 얻기 때문이다. 왼손으로 오른쪽 시책을 세었을 때 좌우가 모두 6이면 좌우의 모든 시책은 둘레가 4로 반을 사용한다. 양다일소가 소양이 되는 것은 3변 중에 두 번은 두 번 세는 수를 얻고 한 번은 한 번 세는 수를 얻어서 2×2=4, 1×3=3하여 7이 되고, 그 남아있는 28개를 넷씩 세어도 다시 일곱 번 세는 수를 얻기 때문이다. 왼손으로 오른쪽 시책을 세었을 때 좌우가 모두 7이면 좌우의 모든 시책은 모가 2개 원이 1개이다. 【모가 2개라는 것은 두 번 8이 나옴을 말하고, 원이 1개라는 것은 한 번 12가 나옴을 이른다.】 양소일다가 소음이 되는 것은 3변 중에 두 번은 한 번 세는 수를 얻고 한 번은 두 번 세는 수를 얻어서 2×3=6, 1×2=2하여 8이 되고, 그 남아있는 32개를 넷씩 세었을 때도 다시 여덟 번 세는 수를 얻기 때문이다. 왼손으로 오른쪽 시책을 세었을 때 좌우가 모두 8이면 좌우의 모든 시책은 원이 2이고 모가 1이다. 【원이 2라는 것은 두 번 12가 나옴을 이르고, 모가 1개라는 것은 한 번 8이 나옴을 이른다.】

乾之策二百一十有六, 坤之策一百四十有四, 凡三百有六十, 當期之日. 二篇之策, 萬有一千五百二十, 當萬物之數也.

건乾의 시초 수는 216이고, 곤坤의 시초 수는 144이니 모두 360으로 만 1년의 날수에 해당한다. 『주역』 상·하 두 편의 시초 수는 11,520으로 만물의 수에 해당한다.

『正義』曰, "'乾之策二百一十有六'者, 以乾老陽一爻有三十六策, 六爻凡有二百一十六策也, 乾之少陽一爻有二十八策, 六爻則有一百六十八策, 此經據乾之老陽之策也. '坤之策百四十有四'者, 坤之老陰一爻有二十四策, 六爻故一百四十有四策也. 若坤少陰一爻有三十二策, 六爻則有一百九十二, 此經據坤之老陰, 故百四十有四也. '凡三百有六十, 當期之日'者, 擧合乾坤兩策有三百有六十, 當期之數. 三百六十日擧其大略, 不數五日四分日之一也. '二篇之策, 萬有一千五百二十, 當萬物之數'者, 二篇之爻, 總有三百八十四爻, 陰陽各半, 陽爻一百九十二爻, 爻別三十六, 總有六千九百一十二也, 陰爻亦一百九十二爻, 爻別二十四, 總有四千六百八也, 陰陽總合萬有一千五百二十, 當萬物之數也."

『정의』에서 말했다. "'건의 시초 수가 216이다'라는 것은, 건괘의 노양 1효에 36개의 시초가 있으므로 6효에는 모두 216개의 시초가 있게 되기 때문이다. 건괘의 소양 1효에 28개의 시초가 있으므로 6효에는 168개의 시초가 있게 되는데, 이 경*에서는 건괘의 노양의 시초 수에만 의거하고 있다. '곤괘의 시초 수가 144이다'라는 것은, 곤괘의 노음 1효에 24개의 시초가 있으므로 6효에는 따라서 144개의 시초가 된다는 뜻이다. 곤괘의 소음 같은 경우엔 1효에 32개의 시초가 있으므로 6효에는 192개의 시초가 있게 되는데, 이 경에서는 곤괘의 노음에만 의거하고 있으므로 144개가 된다. '모두 360으로 만 1년의 날수에 해당한다'라는 것은, 건괘와 곤괘의 시초 수를 함께 합한 360이 만 1년의 날수에 해당한다는 말이다. 360일은 그 대략만을 든 것으로 5일과 4분의 1일을 셈하지 않은 것이다.* '상·하 두 편의 시초 수는 11,520으로 만물의 수에 해당한다'는 것은, 상하 2편의 효는 총 384효인데 음과 양이 각각 반씩이므로 양효가 192효이고 효별로 36이므로 총 6,912이며, 음효도 192개이고 효별로 24이므로 총 4,608이니, 음양의 총합이 11,520으로 만물의 수에 해당한다는 뜻이다."

---

*차경此經: 『차의』에서는 『주역』이라 하였고, 『절보』에서는 「계사」라고 하였다.

*“『서경』「요전堯典」에서 366일이라 하였는데, 이른바 6일은 5일과 1/4일을 말하는데 「요전」에서는 대략의 수를 언급하였기 때문에 6일이라고 한 것이다. 지금 이곳에서는 원래부터 5일과 1/4일을 셈하지 않고 360일만을 거론하였다.”(『차의』)

今考, 凡言'策'者, 卽謂'蓍'也. 『禮』曰, "龜爲卜, 策爲筮." 又曰, "倒策側龜." 皆以'策'對'龜'而言, 則可知矣. 『儀禮』亦言"筮人執筴", 尤爲明驗. 故此凡言策數, 雖指掛扐之外過揲見存之蓍數而言, 然不以掛扐之內所餘之蓍不爲策也. 疏義及其解說, 皆已得之. 且其并以乾坤二少之爻爲言, 則固不專以乾坤爲老, 六子爲少矣. 但乾坤皆少, 而其合亦爲三百六十, 兩篇皆少, 而其合亦爲萬一千五百二十, 則疏有未及而學者不可不知爾.

지금 살피건대, 무릇 '책策'이라 말한 것은 '시초(蓍)'를 가리킨다. 『예기』에서, "거북은 복卜에 사용하고, 책策은 서筮에 사용한다"*고 하였고, 또 "책策을 뒤집거나 거북을 기울인다"*고도 하였다. 이 모두 '책策'을 '거북'과 상대하여 말한 것임을 알 수 있다. 『의례』에서도 "서인筮人은 '책筴'을 잡는다"*고 하였으니 더욱 분명한 증거이다. 그러므로 여기에서 평범하게 말한 '책策'의 수가 비록 괘륵掛扐한 것 외에 과설過揲하여 남아있는 시초의 수를 가리켜 말한 것이긴 하지만, 괘륵한 것 안에 남아있는 시초는 책策이 아니라는 것은 아니다.* 소疏의 뜻과 그 해설이 모두 이미 잘 되어있다. 또 아울러 건괘와 곤괘의 2소少(소양, 소음)의 효로서 말한 것이지, 실로 (8괘로서의) 건乾과 곤坤만을 노老(양, 음)로 삼고, 나머지 6괘를 소少(양, 음)로 삼은 것이 아니다. 다만 건괘와 곤괘가 모두 소少(양, 음)이더라도 그 합은 역시 360이며, 상·하 2편이 모두 소少(양, 음)이더라도 그 합은 역시 11,520이 되므로*, 소疏가 언급하지 않은 것이 있지만 학자는 꼭 알아야만 한다.

* 『예기』「곡례상曲禮上」, "거북은 복에 사용하고 시초는 서에 사용한다. 복서는 선대의 성왕이 백성들로 하여금 시일을 믿고 귀신을 공경하고 법령을 두려워하게 하는 방법이었으며, 또한 백성들로 하여금 의심나는 일과 주저되는 일을 결정하게 하는 방법이었다.(龜爲卜, 筴爲筮. 卜筮者, 先聖王之所以使民信時日, 敬鬼神, 畏法令也, 所以使民決嫌疑, 定猶與也.)"
* 『예기』「곡례하曲禮下」, "군왕 앞에서 문서를 털거나 정돈하면 벌을 받고, 시초를 거꾸로 뒤집거나 거북을 기울이면 벌을 받는다.(振書端書於君前, 有誅, 倒筴側龜於君前, 有誅.)"
* 『의례』「사관례士冠禮」, "서인은 시초를 집어들고 시통의 뚜껑을 벗겨낸 뒤 그 시통을 함께 집어들고서 주인에게로 나아가 명을 받는다.(筮人執筴, 抽上韇, 兼執之, 進受命于主人.)"
* "괘륵은 남은 시초이지 괘륵의 안에 또 남은 것이 있다는 말이 아니다."(『차의』)
* "건괘의 6효가 모두 소양(5, 8, 8)을 얻는다면 그 과설한 시초는 효마다 각각 28개이고 아울러 6효의 시초는 168개가 된다. 곤괘의 6효가 모두 소음(5, 4, 8)을 얻는다면 그 과설한 시초는 효마다 각각 32개이고 아울러 6효의 시초는 192개가 된다. 건괘의 168과 곤괘의 192를 합하여도 360이 된다. 『주역』 상·하편의 효는 총 384개인데 그것을 반으로 나누면 양효가 192개, 음효도 192개이다. 그 양효 192개가 각각 소양의 28을 얻으면 5,376이 되고, 그 음효 192개가 각각 소음 32를 얻으면 6,144가 된다. 양효의 5,376과 음효의 6,144를 합하여도 11,520이 된다."(『차의』)

右揲蓍之法，見於「大傳」者不過如此．爲之說者雖或互有得失，然亦不過如此，愚已論之詳矣．學者反復其言，使各盡其曲折，則後之爲說者，其是非當否不能出乎此矣．

위의 내용은 시초를 세는 방법인데 「대전」(계사전)에 보이는 것은 이것뿐이다. 그에 대한 설명들이 비록 더러 득실이 있긴 하지만 그 또한 이와 같을 따름이니, 내가 이미 상세히 논하였다. 배우는 사람들이 그 말을 반복하여 살펴보고 각 설명들로 하여금 그 곡절을 다 드러내게 한다면, 훗날 설명하는 사람은 그 시비와 옳고 그름이 이를 벗어날 수가 없을 것이다.

康節先生曰，"歸奇合扐之數得五與四四，則策數四九也."【餘放此．○ 郭氏曰，"'歸奇合扐之數'，謂不用之餘數也．'策數'，所得之正策數也．去此'不用之餘數'，止語'歸奇合扐之餘數'，故有三多·三少之言．至康節然後'策數'復見於書，'餘數'不復相亂矣."】

강절 선생이 말했다. "나머지를 귀속시키되 손가락에 끼운 시초와 합한 수가 5와 4와 4가 나온다면 시초의 수(策數)는 4×9(=36)개이다."* 【나머지도 이에 따른다.* ○ 곽옹은 "'나머지를 귀속시키되 손가락에 끼운 시초와 합한 수'라는 것은 사용하지 않는 남은 수(餘數)를 가리킨다.* '시초의 수(策數)'라는 것은 얻어진 정책正策으로서의 시초 수이다. 이 사용하지 않는 남은 수를 제거하고 다만 '나머지를 귀속시키되 손가락에 끼운 시초와 합한' 남은 수만을 말하므로*, 삼다三多·삼소三少의 말이 있게 된다. 강절에 이른 뒤에야 '시초의 수(策數)'가 다시 글에 나타나며, '남은 수'와 다시 서로 혼란되지 않게 되었다"*고 하였다.】

---

*"이는 모두 노양老陽의 괘륵의 수 및 과설한 책수를 논한 것이다."(『절보』)

*"노음이소老陰二少의 경우도 그 괘륵한 것이 얼마가 있다면 과설한 것도 얼마가 있게 된다는 것이다."(『익증』)

*"곽옹의 의도는 과설한 것을 마땅히 사용해야 하는 正策으로 삼고, 괘륵한 것을 사용하지 않는 남은 수로 삼는 것이다."(『차의』)

*"이 두 구절의 위아래에 빠진 글이 많은 것 같다."(『차의』) "곽옹의 의도는 대체로 귀기합륵을 여수餘數로 삼고 책수策數를 정수正數로 삼아, 시법蓍法은 마땅히 이 사용하지 않는 남은 수를 제거하고 정수正數를 사용해야 한다는 것이다. 당나라 이래로 책수策數를 논하지 않고 다만 귀기합륵歸奇合扐의 남은 수만을 말했기 때문에 삼다三多·삼소三少의 말이 있는 것이다."(『문목』)

*"'책수策數가 다시 글에 나타난다'고 한 것은 강절의 이른바 '책구策九'를 가리켜 한 말이다. 이른바 '4×9'는 노양을 가리키는데, 과설한 것을 4씩 헤아려서 9가 되는 것이다. '여수餘數가 다시 서로 혼란되지 않게 되었다'는 것은 귀기합륵이 처음으로 사용하지 않는 수가 되어서 4×9 정책正策의 수와 서로 혼란되지 않게 되었음을 말한다."(『차의』)

今按, 康節'歸奇合扐'四字, 本於『正義』所謂'最末之餘歸之, 合於掛扐之一處', 盖因其失而不暇正也. 然四九·四六·四七·四八之數, 則『正義』於乾篇初九文下已明言之, 安得謂唐初以來不論'策數'耶? 且康節又言'得五與四四', 則[4]亦未得爲去此'不用之餘數'矣. 大抵爲此辨者未知掛扐之中奇偶·方圓·參兩·進退之妙. 是以必去掛扐之數而專用過揲之策, 其說愈多而其法愈偏也.

지금 생각건대, 강절의 '귀기합륵歸奇合扐' 네 자는 『주역정의』에서 말한 '맨 마지막의 남은 수를 귀속시키되, 걸고 끼운 한곳에 합한다'는 말에 근본하는 것인데, 아마도 그것이 잘못되었지만 바로잡을 계기가 없었기 때문이다.* 그러나 4×9, 4×6, 4×7, 4×8의 수는 『주역정의』의 건乾괘 초9 아래에서 이미 분명하게 말하였으니, 어찌 당나라 초 이래로 '시초의 수(策數)'를 논하지 않았다고 할 수 있겠는가? 또한 강절은 '5와 4와 4를 얻는다'는 말을 하였으니 이 사용하지 않는 남은 수(餘數)를 버릴 수 없었다.* 대체로 이를 구별하는 사람은 걸고 끼운 것 속의 홀수와 짝수, 모와 원, 3과 2, 나아가고 물러남의 오묘함*을 알지 못한다. 그러므로 반드시 걸고 끼운 수를 제거하고서 과설過揲한 시초만을 사용하는 것이니, 그 설이 많아지면 많아질수록 그 방법도 더욱 치우치게 된다.

4) 【교감】 四則: "모든 판본이 다 '則四'로 되어 있으나 마땅히 '四則'이어야 한다."(『차의』)

---

*"『정의』에서 마땅히 '맨 마지막에 남은 수를 제4와 제3 손가락 사이에 끼운다'고 말해야 하는데, '맨 마지막의 남은 것을 괘륵한 한곳에 합한다'고 하였으니, 이는 괘와 륵을 하나로 합친 것으로 이는 잘못된 것이다. 강절은 또 '귀기합륵'이라고 말하였으니 이 또한 괘일掛一을 륵扐으로 여긴 것이다."(『차의』)

"『정의』에서 말한 것들은 괘와 륵을 분별할 수 없었던 데에서 유래하지만 그러나 대체적으로는 차가 없으므로 강절 또한 굳이 그 잘못을 바로잡지 않은 것이다."(『절보』)

*"곽옹은 강절의 말을 인용하여 '귀기합륵'이 사용하지 않는 남은 수라고 증명하였지만, 강절이 이미 '득오여사사得五與四四'라고 하였으니 5와 4와 4가 과연 사용하지 않는 남은 수라고 한다면 반드시 '득得'자를 쓰지 않았을 것이다. '득得'자를 보면 강절이 5와 4와 4를 사용하지 않는 남은 수라고 여긴 것이 아님을 알 수 있다."(『절보』)

*"'기奇'는 5, 4, 4를 이른다. '우偶'는 9, 8, 8을 이른다. '방方'은 짝수를 이르며, 모를 상징하여 반을 사용한다. '원圓'은 홀수를 이르며, 원을 상징하여 전체를 사용한다. '3'은 지름이 1이고 둘레가 3임을 이른다. '2'는 지름이 1이고 둘레가 4이어서 2를 사용함을 이른다. '진퇴進退'는 노음의 괘륵이 나아가 9, 8이 되면 과설한 시초 수는 물러나 24가 되고, 노양의 괘륵이 물러나 5, 4가 되면 과설한 시초 수는 나아가 36이 됨을 가리킨다. 소음과 소양도 마찬가지이다. 음양, 노소, 진퇴의 오묘함이 모두 이에 근원한다."(『차의』)

橫渠先生曰, "'奇', 所掛之一也. '扐', 左右手之餘也. 【郭氏曰, "自唐初以來, 以奇爲扐, 故揲法多誤. 至橫渠而始分云."】 '再扐而後掛'者, 每成一爻而後掛也, 謂第二·第三揲不掛也. 【郭氏曰, "凡一掛再扐爲三變而成一爻. 橫渠之言, 正所以明『正義』之失也."】 閏常不及三歲而至, 故曰'五歲再閏'. 此歸奇必俟再扐者, 象閏之中間再歲也."

횡거 선생이 말했다. "'기奇'는 걸어놓은 1개의 시초이다. '륵扐'은 왼손과 오른손에서 넷씩 세고 난 나머지이다. 【곽옹은 "당나라 초 이래로 '기奇'를 '륵扐'이라고 보았기 때문에 세는 방법에 잘못이 많았다. 횡거에 이르러 비로소 구분하여 언급하기 시작했다"고 하였다.】 '두 번 끼운 다음에 건다'는 것은 매번 1효를 이룬 뒤에 건다는 것이니, 제2, 제3 설揲 때는 걸지 않음을 이른다. 【곽옹은 "한 번 걸고 두 번 끼우는 것이 3변이 되어서 1효를 이룬다. 횡거의 말은 바로 『주역정의』의 잘못을 밝힌 것이다"고 하였다.】 윤달은 항상 3년이 못 미쳐 오므로 '5년에 두 번 윤달이 있다'고 한다. 이와 같이 기奇을 한곳에 합치는 일에 반드시 두 번의 끼움을 기다리는 것은 윤달과 윤달 사이의 2년을 상징한다."

今按, 此說大誤, 恐非橫渠之言. 掛也, 奇也, 扐也, 「大傳」之文固各有所主矣. '奇'者殘零之謂, 方蓍象兩之時, 特掛其一, 不得便謂之奇. 此則自畢·董·劉氏而失之矣. '扐'固左右兩揲之餘, 然扐之爲義, 乃指間勒物之處. 故曰'歸奇於扐', 言歸此餘數於指間也. 今直謂'扐'爲餘, 則其曰'歸奇於扐'者, 乃爲歸餘於餘, 而不成文理矣. 不察此誤, 而更以'歸奇'爲'掛一'以避之, 則又生一誤, 而失愈遠矣. 郭氏承此爲說, 而詆唐人不當以'奇'爲'扐'. 夫以'奇'爲'扐', 亦猶以其扐爲餘爾. 名雖失之, 而實猶未爽也. 若如其說, 以歸爲掛, 以奇爲一, 則爲名實俱亂. 而「大傳」之文'揲四'之後不見餘蓍之所在, 歸奇之前不見有扐之所由, 亦不復成文理. '再扐'者, 一變之中左右再揲而再扐也. 一變之中, 一掛·再揲·再扐而當五歲. 盖一掛·再揲當其不閏之年, 而再扐當其再歲之閏也. '而後掛'者, 一變旣成, 又合見存之蓍, 分二而掛一, 以起後變之端也. 今曰'第一變掛而第二·第三變不掛', 遂以當掛之變爲掛而象閏, 以不掛之變爲扐而象不閏之歲, 則與「大傳」之云'掛一象三'·'再扐象閏'者, 全不相應矣. 且不數第一變之再扐, 而謂第二·第三變爲再扐, 又使第二·第三變中止有三營而不足乎成易之數, 且於陰陽·奇偶·老少之數, 亦多有不合者. 今未暇悉論, 後當隨事發之爾.

이제 생각건대, 이 설은 크게 잘못되었으니 아마도 횡거의 말이 아닐 것이다. 괘掛나 기奇나 륵扐은 「대전」의 글에서 실로 각각 주장하는 내용이 있다. '기奇'는 떨어지고 남은 우수리를 가리키며, 막 시초로 양의를 상징하려고 할 때 특별히 그중 1개를 거는데, 그것을 '기奇'라고 할 수는 없다. 이는 필중화畢仲和*, 동생董生, 유우석劉禹錫으로부터 잘못된 것이다.* '륵扐'은 본디 왼손과 오른손의 시초를 세고 남은 것이지만, '륵扐'이라는 뜻은 손가락 사이에 물건을 끼우는 곳이다. 그러므로 '귀기어륵歸奇於扐'이라는 말은 이 남은 수를 손가락 사이에 합친다는 뜻이다. 지금 곧바로 '륵扐'을 남은 수라고 한다면 그 '귀기어륵歸奇於扐'이라 말한 것이 '나머지를 남은 수에 합친다'는 말이 되어 문리를 이루지 못한다. 이러한 잘못을 살피지 못하고서 더욱 '귀기歸奇'를 '괘일'로 여기고서 기피한다면* 또 하나의 잘못을 저질러서 실수가 더욱 멀어지게 된다. 곽옹은 이를 계승하여 설명하면서 당나라 사람*이 '기奇(掛一한 1개)'를 '륵扐(남은 수)'으로 여기지 말아야 했다고 비난하였다. 대저 '기奇(나머지)'를 '륵扐(남은 수)'으로 이해하는 것은 오히려 그 '남은 수'를 나머지라고 여기는 것과 같은 따름이다. 명칭은 비록 잃었지만 실질은 오히려 분명하지 않다.* 만약 그 말처럼 '귀歸'를 '괘掛(걺)'라 하고, '기奇'를 '1개'라고 한다면, 명칭과 실질이 모두 혼란스럽게 된다. 그러나 「대전」의 '넷씩 센다(揲四)'는 말 뒤에 남은 시초가 있는 곳이 나타나지 않으며, '나머지를 합친다(歸奇)'는 말 앞에도 남은 수가 있게 되는 이유가 드러나지 않은 것*도 다시 문리를 이루지 못한다. '두 번 끼운다'는 것은 1변의 가운데 왼손과 오른손의 시초를 두 번 세어 두 번 끼우는 것이다. 1변의 가운데 한 번 걸고 두 번 세며 두 번 끼워서 5년에 해당된다. 대개 한 번 걸고 두 번 세는 것은 윤달이 아닌 해에 해당하고, 두 번 끼운 것은 2년의 윤달에 해당한다. '그런 뒤에 건다(而後掛)'는 것은 1변이 이미 이루어지고 나면 또 남아있는 시초를 합하여 둘로 나누고 하나를 걸어서 다음 변화의 실마리를 일으킨다는 것이다.

지금 '제1변에서는 1개를 걸지만 제2, 제3변에서는 걸지 않는다'고 말하여, 드디어 당괘지변當掛之變*에서 1개를 걸어서 윤달을 상징하고, 불괘지변不掛之變*에서 끼워서 윤달이 없는 해를 상징한다면, 「대전」에서 말한 '1개를 걸어서 3재를 상징한다'와 '두 번 끼워서 윤년을 상징한다'는 말은 온전히 서로 호응되지 못한다. 게다가 제1변에서 두 번 끼운 것은 셈하지 않고, 제2, 제3변을 일컬어 '재륵再扐'이라고 하고, 또 제2, 제3변의 과정에 다만 세 번의 경영만이 있다*고 한다면 역易을 이루는 수에 부족하게 된다. 또 음과 양, 홀수와 짝수, 노소의 수에도 합치하지 않는 점이 많다. 지금 다 거론할 짬이 없으니 나중에 사안에 따라서 밝힐 것이다.

---

*필중화畢仲和: 당나라 사람으로 유우석, 유종원 등과 동시대인이다. 주희가 그의 『설시법揲蓍法』을 언급하였지만, 이 책은 전하지 않는다.

*실지失之: "걸어놓은 1개를 '기奇'로 여기는 잘못을 말한다."(『차의』)

*피지避之: "여餘에 여餘를 합치기를 기피하는 잘못을 말한다."(『차의』)

*당인唐人: 위의 필畢, 동董, 유씨劉氏 세 사람을 가리킨다.

*명수실지이실유미상名雖失之而實猶未爽: "명칭은 비록 잃었다는 말은 '기奇'를 '륵扐'으로 삼음을 이른다. 실질은 오히려 분명하지 않다는 말은 이 나머지를 손가락 사이에 합치는 것을 '륵扐'이라고 하는 것은 단지 하나의 사태일 뿐이라는 말이다. 그러므로 실질은 오히려 분명하지 않다고 한 것이다."(『차의』)

*귀기지전불견유륵지소유歸奇之前不見有扐之所由: "4개씩 센 뒤 그 남은 우수리를 손가락 사이에 합친 다음에야 '륵扐'이라는 이름이

있게 된다. 지금 괘일을 귀기라고 여겨서 4개씩 센 뒤에 남은 시초를 합칠 곳이 없게 된다면 이른바 '륵扐'은 과연 어디에서 유래하여 이런 이름을 가지게 된 것인가?"(『절보』)

*당괘지변當掛之變: "제1변을 가리킨다."(『차의』)

*불괘지변不掛之變: "제2, 제3변을 가리킨다. 「대전」의 뜻은 1변 가운데의 괘일, 재설, 재륵을 오년 재윤의 상으로 삼은 것이지만, 곽옹은 3변을 통털어 5년 재윤의 상으로 삼았기 때문에 그 설명이 온전하게 서로 호응하지 못한다."(『차의』) "제1변을 괘掛로 삼아서 윤달을 상징한다면 「대전」의 이른바 '괘일掛一하여 삼재三才를 상징한다'는 말과 호응하지 않는다. 제2, 제3변을 '륵扐'으로 삼아서 윤달이 없는 해를 상징한다면 「대전」의 이른바 '재륵再扐하여 상윤象閏한다'는 말과 호응하지 않는다."(『절보』) "「대전」과 호응하지 않는 것은 '상윤象閏'이라는 한 가지에 그치는 것이 아니다."(『표보』)

*지유삼영止有三營: "「대전」의 '사영이성역四營而成易'이라는 것은 '분이分二', '괘일掛一', '설사揲四', '귀륵歸扐'이다. 지금 곽옹이 제2, 제3변에서는 괘일掛一하지 않는다면 이는 분分·설揲·륵扐의 3영일 뿐이다. '4번 경영하여 역을 이룬다'는 말과 통하지 않게 된다."(『차의』)

*음양기우로소지수역다유불합자陰陽奇偶老少之數亦多有不合者: "뒤 2변에서 괘일하지 않는다면 3변의 여수餘數는 모두 위삼경일圍三徑一이 되어 위사용반圍四用半의 뜻이 없어지고 다시 홀수와 짝수의 구분이 없어진다. 3변의 후에 태양과 소음이 모두 27개가 되고, 소양이 9개, 태음이 1개가 되므로, '합치하지 않는 것이 많다'고 하였다. 이에 대한 그림은 『역학계몽』에 자세하게 나온다."(『차의』)

伊川先生揲蓍法云, “先以右手指於左手之中取蓍一莖, 掛於左手小指之間, 此名‘奇’也. 次以右手四揲左手之蓍, 四揲之餘數置案之東西隅, 此名‘右手之扐’. 復以左手四揲右手之蓍, 四揲之餘亦置於案之東南隅, 此名‘左手之扐’. 其兩手所握之蓍爲所得之正策數.” 又云, “再以左右手分而爲二, 更不重掛奇.” 又云, “三變訖, 乃歸先所掛之奇於第一扐之中, 次合正策數, 又四揲, 布之案上, 得四九爲老陽.”【郭氏曰, “此法先人親受於伊川先生, 雍復受於先人. 本無文字, 歲月滋久, 慮或遺忘, 謹詳書之.”】

이천선생의 설시법에서는 “먼저 오른손가락으로 왼손의 시초 중에서 1개의 시초를 취하여 왼손 소지小指 사이에 거는데, 이것을 ‘기奇’라고 이름한다. 다음으로 오른손으로 왼손의 시초를 4개씩 세는데, 4개씩 세고 남은 갯수를 책상의 동서 방향 귀퉁이에 놓는다. 이것을 ‘오른손의 륵扐’이라고 이름한다. 그 다음으로 왼손으로 오른손의 시초를 4개씩 세는데, 4개씩 세고 남은 것을 마찬가지로 책상의 동남 방향 귀퉁이에 놓는다. 이것을 ‘왼손의 륵扐’이라고 이름한다. 그리고 그 두 손에 쥐어진 시초는 얻어진 정책의 수가 된다”고 하였다. 또 말하기를, “제2변에서 왼손과 오른손에 둘로 나누었을 때는 다시 거듭하여 기奇을 걸지 않는다”고 하였다. 또 말하기를, “제3변에 와서 처음에 걸었던 기奇을 첫 번째로 끼웠던 것에 합치고 나서 정책의 수를 합한 다음 또 4개씩 세어서 책상 위에 놓는데, 4×9(36개)를 얻으면 노양이 된다"고 하였다. 【곽옹이 말했다. "이 법은 선인이 이천선생에게서 직접 전수한 것을 내가 다시 선인에게서 전수한 것으로, 본디 문자가 없고 세월도 자못 오래되어 혹 빠트리거나 잊혀질까 염려되어 삼가 자세하게 적는다."】

今按, 此說尤多可疑. 然郭氏既云'本無文字', 則其傳受之際不無差舛宜矣. 其以掛一爲奇而第二三變不掛, 愚已辨於前矣. 其曰'兩手餘數置之案隅', 而不置之指間, 則非'歸奇於扐'之義. 其以一變過揲之蓍便爲正策, 則未合四九·四六·四七·四八之數. 其曰'三變訖, 乃歸先所掛之奇於第一扐之中', 則其掛之之久也無用, 其歸之之晩也無說, 而尤不合於「大傳」所言之次第. 又以四揲正策布之案上, 然後見所得之爻, 則其重複又甚焉. 凡此恐皆非伊川先生之本意也. 覽者詳之.

지금 생각건대, 이 설명은 더욱 의심스런 구석이 많다. 그러나 곽옹이 이미 '본디 문자가 없다'고 하였으니, 전수하고 받을 때에 어긋남이 있을 수밖에 없었을 것이다. 걸어놓은 1개의 시초를 기奇으로 삼고 제2, 제3변에서는 다시 걸지 않는다는 것은 내가 이미 앞에서 분명히 해두었다. 그가 '두 손에 남은 수를 책상 모퉁이에 둔다'고 하였으나 손가락 사이에 두지 않는다면 '기奇을 손가락 사이에 합친다'는 뜻이 안 된다. 그가 제1변에서 과설過揲한 시초를 정책正策이라 한다면 4×9, 4×6, 4×7, 4×8의 수에 합치하지 않는다.* 그가 '제3변에 와서 처음에 걸었던 기奇을 첫 번째로 끼웠던 것에 합친다'고 말한다면, 걸었던 일이 너무 오래되어* 쓸모가 없고, 합치는 일이 너무 늦어 설명할 길이 없고 또 더욱 「대전」에서 말한 순서에 들어맞지 않는다. 또 4개씩 세고 난 정책의 시초를 책상 위에 깔아놓은 다음에야 얻어진 효를 보게 된다면 그 중복됨이 너무 심하다.* 대체로 이것은 아마도 모두 이천선생의 본뜻이 아닐 것이다. 보는 사람들은 자세히 살펴주기 바란다.

* 미합사구사륙사칠사팔지수未合四九四六四七四八之數: "3변을 다 마친 뒤에 과설한 책수는 노양이 4×9, 노음이 4×6, 소양이 4×7, 소음이 4×8이다. 지금 1변變의 과설한 책수로서 정책수로 삼았기 때문에 4×9, 4×6, 4×7, 4×8의 책수에 합치하지 않는 것이다."(『차의』) "곽옹의 설명에서 이른바 정책은 마치 3변의 과설한 책수를 통틀어 가리키는 것 같으나, 특별히 1변에서 그것을 선후로 하여 밝히고 과설한 것을 정책으로 삼았을 따름이다. 그렇지 않다면 그 제2변의 때로부터 이미 제1변의 과설한 두 손의 책수를 아울러서 합하고 다시 둘로 나눈 것이다. 3변한 후에는 제1변의 과설한 책수가 보이지 않는 것이 이미 오래된다. 어떻게 그 수를 추진하여 더욱 셀 수 있겠는가? 그러므로 이른바 정책수에 합한다고 하고 또 4개씩 세어 펼쳐놓는다고 하는 것이다."(『문목』)

* 기괘지지구야무용其掛之之久也無用: "제1변으로부터 나중의 2변을 거치면서 이 괘일한 것은 귀착될 곳이 없어진 지가 오래되어 무용지물이 된다."(『익증』)

* 기중복우심其重複又甚: "좌우의 시초를 4개씩 셀 때에 이미 4로 약분한다는 것을 알고 있는데 또 다시 4개씩 센 책수를 책상 위에 펼쳐놓기 때문에 중복된다고 한 것이다."(『차의』) "제3변 때에 이미 좌우의 시초를 4개씩 세어서 그 수를 알고 있는데, 또 3변을 다 마친 뒤에 또다시 4개씩 센다고 하므로 중복된다고 한 것이다."(『절보』)

兼山郭氏曰, “蓍必用四十九者, 惟四十九即得三十六·三十二·二十八·二十四之策也. 盖四十九去其十三, 則得三十六, 去其十七, 則得三十二, 去其二十一, 則得二十八, 去其二十五, 則得二十四. 凡得者, 策數也. 去者, 所餘之扐也.”

【雍曰, “世俗皆以三多三少定卦[5]象, 如此則不必四十九數. 凡三十三·三十七·四十一·四十五·五十三·五十七·六十一·六十五·六十九·七十三·七十七·八十一·八十五·八十九·九十三·九十七, 皆可以得初揲非五即九, 再揲·三揲不四即八之數. 獨不可以得三十六·三十二·二十八·二十四之策爾.”】

겸산 곽충효*가 말했다. “시초는 반드시 49개를 사용하는데, 49개라야 36, 32, 28, 24라는 책수를 얻는다. 49에서 13을 빼면 36을 얻고, 17을 빼면 32를 얻고, 21을 빼면 28을 얻고, 25를 빼면 24를 얻는다. 얻어진 것(得者)이란 바로 책수이고*, 빠진 것(去者)은 손가락 사이에 남겨진 것들이다.” 【곽옹이 말했다. “세속에서 모두 3다三多·3소三少으로 괘상卦象을 확정하는데, 그렇다면 반드시 49개일 필요가 없다. 무릇 33, 37, 41, 45, 53, 57, 61, 65, 67, 73, 77, 81, 85, 89, 93, 97도 모두 처음 세었을 때 5 아니면 9를 얻을 수 있고, 두 번째와 세 번째 셀 때에 4 아니면 8이라는 수를 얻을 수 있다. 다만 36, 32, 28, 24의 책수를 얻지 못할 뿐이다.”】

---

*곽충효郭忠孝(?–1126): “겸산은 곽옹의 아버지 곽충효이며, 그는 이천에게서 역을 전수받았다.”(『익증』)

*득자책수得者策數: “책수는 과설한 책수를 가리킨다.”(『익증』)

---

5) 【교감】 卦: 원전에는 ‘掛’로 되어 있으나, 宋本과 閩本에 의거하고, 또 사천본 『주희집』에 따른다.

今按, 此書之中, 此說最爲要切, 而其疎率亦無甚於此者. 盖四十九者, 蓍之全數也. 以其全而揲之, 則其前爲掛扐, 其後爲過揲. 以四乘掛扐之數, 必得過揲之策. 以四除過揲之策, 必得掛扐之數. 其自然之妙如牝牡之相銜, 如符契之相合, 可以相勝而不可以相無. 且其前後相因固有次第, 而掛扐之數所以爲七八九六, 又有非偶然者, 皆不可以不察也. 今於掛扐之數, 既不知其所自來而以爲無所務, 於揲法, 徒守過揲之數以爲正策, 而亦不知正策之所自來也, 其欲增損全數以明掛扐之可廢, 是又不知其不可相無之說, 其失益以甚矣. 聖人之道中正公平, 無向背取舍之私, 其見於象數之自然者盖如此. 今乃欲以一偏之見議之, 其亦誤矣.

지금 생각건대 곽옹의 글 가운데 이곳의 설명이 가장 긴요하지만 경솔함 또한 이보다 심한 곳이 없다. 49는 시초의 전체 수이다. 그 전체를 가지고 설시揲蓍한다면 앞의 것은 괘륵掛扐의 수가 되고 나중 것은 과설過揲의 수가 된다. 4로 괘륵의 수를 곱하면 반드시 과설의 책수를 얻으며, 4로 과설의 책수를 나누면 반드시 괘륵의 수를 얻게 된다. 그 자연스러운 오묘함이 마치 암수가 서로 맞물려 있는 것과 같고 부절符節이 서로 들어맞는 것과 같아서 서로 이길 수는 있으나 없을 수는 없다. 게다가 앞뒤가 서로 원인이 되어 실로 순서가 있어서 괘륵의 수가 7, 8, 9, 6이 되는 것이며, 또한 우연한 것이 아니니 모두 살피지 않을 수 없다. 지금 괘륵의 수에서는 이미 그것이 유래한 까닭을 알지 못하고서 힘쓸 것이 없다고 여기고, 설시법에 있어서 다만 과설의 수만을 고집하여 정책으로 삼으니 마찬가지로 정책이 유래한 까닭을 알지 못하는 것이다. 전체의 수를 더하거나 덜어서 괘륵이 폐할 수 있는 것임을 밝히고자 하는 것도 그것이 서로 없을 수 없다는 설명을 알지 못하는 것이니 그 잇점을 잃음이 심하다. 성인의 도는 중정하고 공평하여 향배취사向背取舍의 사사로움이 없으니 그것이 상수象數의 자연스러움에서 드러남이 모두 이와 같다. 지금 한편으로 치우친 견해로 그것을 논의하고자 한다면 그 또한 잘못이다.

又曰, "四象之數, 必曰九·八·七·六者, 三十六·三十二·二十八·二十四之策, 再以四揲而得之也. 九六, 天地之數也, 乾坤之策也. 七·八, 出於九·六者也, 六子之策也, 乾·坤相索而成者也.

또 말하였다. "4상의 수를 반드시 9, 8, 7, 6이라고 말하는 것은, 36, 32, 28, 24의 책수를 다시 4개씩 세어서 얻어지기 때문이다. 9와 6은 천지의 수이며, 건곤의 책수이다. 7과 8은 9와 6에서 나오는 것이며, 여섯 자식 괘의 책수이니 건과 곤이 서로 구하여 이루어지는 것이다."

今按, 四象之數, 乃天地之間自然之理, 其在河圖·洛書各有定位. 故聖人畫卦, 自兩儀而生, 有畫以見其象, 有位以定其次, 有數以積其實, 其爲四象也[6]久矣. 至於揲蓍然後, 掛扐之奇耦方圓, 有以兆之於前, 過揲之三十六·三十二·二十八·二十四, 有以乘之於後, 而九·六·七·八之數隱然於其中. 九·七, 天數也. 三十六·二十八, 凡老陽·少陽之策數也. 六·八, 地數也. 三十二·二十四, 凡老陰·少陰之策數也. 今專以九·六爲天·地之數乾·坤之策, 謂七·八非天·地之數而爲六子之策, 則已誤矣.

지금 생각건대, 4상의 수는 천지간에 자연의 이치로서 하도와 낙서에 각각 정해진 자리가 있다. 그러므로 성인이 괘를 그을 때 양의로부터 시작하여, 획을 두어서 그 상을 드러냈으며*, 자리를 두어서 그 순서를 정했으며, 수를 두어서 그 실질을 쌓았으니*, 4상은 유래가 오래되었다.* 시초를 센 뒤에, 괘륵한 수의 기우방원에는 (4상의) 전조가 있고, 과설한 책수인 36, 32, 28, 24에는 4상이 타고 있으니, 9, 6, 7, 8의 수는 그 속에 숨겨져 있다. 9와 7은 하늘의 수이다. 36과 28은 무릇 노양과 소양의 책수이다. 6과 8은 땅의 수이다. 32와 24는 무릇 노음과 소음의 책수이다. 지금 오로지 9와 6으로서 하늘과 땅의 수, 건과 곤의 책수라고 여기고, 7과 8은 하늘과 땅의 수가 아니라 여섯 자식괘의 책수라고만 말한다면 이미 잘못된 것이다.

---

6) 【교감】 也: 송본, 민본, 절본에 '也'로 되어 있으며, 사천본 『주희집』도 이들에 의거하여 '也'로 쓰고 있다.

* 유획이견기상有畫以見其象: "2개의 양획이 태양의 상이 되고, 두 개의 음획이 태음의 상이 된다. 양획의 위에 음획이 더해지면 소음의 상이 되고, 음획의 위에 양획이 더해지면 소양의 상이 된다."(『차의』) "선천도에서 음양의 위에 각각 1기와 1우가 생겨나서 음양노소의 상을 이룬다는 것이다."(『절보』)
* 유위이정기차有位以定其次: "그 자리라는 것은 태양 1, 소음 2, 소양 3, 태음 4이다. 그 수라는 것은 태양 9, 소음 8, 소양 7, 태음 6이다."(『차의』) "음양의 공工으로 각각 기우奇偶를 낳게 되면 자연히 태양 1, 소음 2, 소양 3, 태음 4라는 위차位次가 된다. 태양은 1에 거하여 9를 머금으니, 9는 태양의 수이다. 소음은 2에 거하여 8을 머금으니 8은 곧 소음의 수이다. 소양은 3에 거하여 7을 머금으니 7은 곧 소양의 수이다. 태음은 4에 거하여 6을 머금으니 6은 곧 태음의 수이다."(『차의』)
* 기위사상야구의其爲四象也久矣: "이 4상은 곧 천연적으로 본래 있는 것이지, 설시揲蓍를 기다려서 쪼개지는 것이 아니다. 넷씩 세어서 얻어지는 것에서 9, 6의 설이 나오게 된다."(『익증』)
* 구륙칠팔지수은연어기중九六七八之數隱然於其中: "7, 8의 수는 건과 곤의 36, 24의 안에 있다. 이는 윗글에서 말한 바와 같다."(『익증』)

又曰, "天之生數一·三·五, 合之爲九. 地之生數二·四, 合之爲六. 故曰, 九·六者, 天地之數也. 乾之策二百一十有六, 以六分之, 則爲三十六, 又以四分之, 則爲九. 坤之策百四十有四, 以六分之, 則爲二十四, 又以四分之, 則爲六. 故曰, 九·六者, 乾坤之策數也. 陰陽止於九·六而已, 何七八之有? 故少陽震·坎·艮三卦皆乾畫一, 其策三十六, 坤畫二, 其策四十八, 合之爲八十四. 復三分之, 而爲二十八, 復四分之, 而爲七. 少陰巽·離·兌三卦皆乾畫二, 其策七十二, 坤畫一, 其策二十四, 合之爲九十六. 復三分之, 而爲三十二, 復四分之, 而爲八. 是七·八出於九·六而爲六子之策也. 然九·六有象而七·八無象, 蓋以卦則六子之卦七·八隱於其中而無象, 以爻則六子皆乾坤之畫而無六子之畫也. 故惟乾坤有用九·用六之道, 諸卦之奇畫, 用乾之九也, 得偶畫者, 用坤之六也, 無用七·八之道也."

또 말했다. "하늘의 생수인 1, 3, 5는 합하면 9가 된다. 땅의 생수인 2, 4는 합하면 6이 된다. 그러므로 9와 6은 하늘과 땅의 수라고 한다. 건괘의 책수인 216은 6분하면 36이 되고, 다시 4분하면 9가 된다. 곤괘의 책수인 144는 6분하면 24가 되고 다시 4분하면 6이 된다. 그러므로 9와 6은 건과 곤의 책수라고 한다. 음양은 9와 6에 그칠 뿐이니 어디 7과 8이 있겠는가? 그러므로 소양인 진·감·간 세 괘는 모두 건획이 한 개로 그 책수가 36이고, 곤획이 두 개로 그 책수가 48이니 합하면 84가 된다. 다시 그것을 3분하면 28이 되고, 다시 4분하면 7이 된다. 소음인 손·리·태 세 괘는 모두 건획이 2개로 그 책수가 72이고 곤획이 1개로 그 책수가 24이니 합하면 96이 된다. 다시 그것을 3분하면 32가 되고 다시 4분하면 8이 된다. 이는 7과 8이 9와 6에서 나와서 여섯 자식괘의 책수가 되는 것이다. 그러나 9와 6은 상이 있지만 7과 8은 상이 없으니, 대개 괘로서 본다면 여섯 자식괘에 7과 8은 그 속에 숨이 있어 상이 없고, 효로서 본다면 여섯 자식괘는 모두 건곤의 획이지만 여섯 자식의 획은 없다. 그러므로 건과 곤만이 용구와 용육의 도가 있는 것이며, 다른 모든 괘들의 홀수획은 건의 9를 사용하고, 짝수획을 얻은 것은 곤의 6*을 사용하는 것이지, 7과 8을 쓰는 도는 없다."

---

*용곤지육用坤之六: 양효를 칭할 때 9를 쓰고, 음효를 칭할 때 6을 씀을 이른다.

今按, 一·二·三·四·五, 天地之生數也. 五中數, 故不用. 六·七·八·九·十, 天地之成數也. 十全數, 故不用. 而河圖·洛書之四象, 亦無所當於五與十焉. 故四象之畫成而以一·二·三·四紀其次, 九·八·七·六積其實. 揲蓍之法具, 而掛扐之五與四以一其四而爲奇, 九與八以兩其四而爲偶. 奇以象圓而徑一者其圍三, 故凡奇者其數三. 偶以象方而徑一者其圍四, 而用半, 故凡偶者其數二. 所謂'參天兩地'者也. 及其揲之三變, 則凡三奇者三其三而爲九, 三偶者參其兩而爲六. 此九·六之所以得數之實也.

지금 생각건대, 1, 2, 3, 4, 5는 하늘과 땅의 생수이다. 5는 중앙의 수이므로 사용하지 않는다. 6, 7, 8, 9, 10은 하늘과 땅의 성수이다. 10은 온전한 수이므로 사용하지 않는다. 그리고 하도와 낙서의 4상도 5와 10에 해당하는 것이 없다. 그러므로 4상의 획이 이루어져서 1, 2, 3, 4로 그 차례의 기강을 잡고, 9, 8, 7, 6으로 그 실질을 쌓았다. 시초를 세는 방법이 갖추어져서 괘륵한 5와 4는 그 4를 한 번 담고 있어서 홀수가 되고*, 9와 8은 그 4를 두 번 담고 있어서 짝수가 된다.* 홀수는 지름이 1인 원을 상징하여 그 둘레가 3이므로 무릇 홀수는 그 수가 3이다. 짝수는 한 변의 길이가 1인 사각형을 상징하여 그 둘레가 4이지만 반을 사용하므로 무릇 짝수는 그 수가 2이다. 이른바 '하늘은 3으로 하고, 땅은 2로 한다'는 것이다. 제3변까지 시초를 세었을 때 무릇 세 번 홀수가 된 경우 그 3을 세 배 하면 9가 되고 세 번 짝수가 된 경우 그 2를 세 배 하면 6이 된다. 이것이 9와 6이 수의 실질을 얻는 까닭이다.

至於兩奇一偶, 則亦參其兩奇以爲六, 兩其一偶以爲二, 而合之爲八. 兩偶一奇, 則亦兩其兩偶以爲四, 參其一奇以爲三, 而合之爲七. 此七·八所以得數之實也. 是其老少雖有不同, 然其成象之所自, 得數之所由, 則皆有從來而不可誣矣. 若專以一·三·五爲九, 二·四爲六, 則雖合於積數之一端, 而於七·八則有不可得而通者矣. 不自知其不通而反以七·八爲無象, 不亦誤乎? 又況自其四營三變而先得其七·八·九·六之數, 而後得其一爻過揲之策, 以四乘其七·八·九·六之數, 而後得其一卦過揲之策, 此於「大傳」之文, 蓋有序矣.

두 번 홀수가 되고 한 번 짝수가 된 경우에도 그 2를 세 배 하여 6이 되고 그 1을 두 배 하여 2가 되어서 합하면 8이 된다. 두 번 짝수가 되고 한 번 홀수가 된 경우에도 그 2를 두 배 하여 4가 되고 그 1을 세 배 하여 3이 되어서 합하면 7이 된다. 이것이 7과 8이 수의 실질을 얻는 까닭이다. 이는 그것의 노소가 비록 다른 점이 있지만 그것이 상의 근원을 이루고 수의 유래를 얻게 되니 모두가 처음부터 무시할 수 없는 것이다. 만약 오로지 1, 3, 5로 9를 삼고 2, 4로 6을 삼기만 한다면 비록 수가 쌓인 일단에 합치하겠지만 7, 8에 있어서는 통할 수가 없는 것이다.* 스스로 그 통하지 않음을 알지 못하고 도리어 7, 8을 상이 없는 것으로 여기니 또한 그릇되지 아니한가? 또 하물며 그 4영과 3변으로부터 먼저 그 7, 8, 9, 6의 수를 얻은 뒤에 그 한 효의 과설한 책수를 얻고*, 그 7, 8, 9, 6의 수에 4를 곱한 뒤에 그 한 괘의 과설한 책수를 얻는다*고 하니, 이는 「대전」의 글에 모두 순서가 있는 것이다.

⋆괘륵지오여사이일기사이위기掛扐之五與四以一其四而爲奇: "5에서 괘일掛一한 것을 제거하므로 4가 되는데, 이 또한 5를 사용하지 않는다는 것을 보여준다."(『익증』)

⋆구여팔이량기사이위우九與八以兩其四而爲偶: "9도 괘일掛一한 것을 제거하므로 8이 되어 '그 4를 두 번 담고 있어서 짝수가 된다'는 말을 얻게 되는데, 이 또한 10을 사용하지 않는다는 것을 보여준다."(『익증』)

⋆일삼오위구一三五爲九 ~ 유불가득이통자의有不可得而通者矣: "1, 3, 5가 쌓여서 9가 되고, 2, 4가 쌓여서 6이 됨을 이른다. 이는 서로 합한 것이지만, 7과 8의 수에 있어서는 서로 합한 것이 아니므로 '통하지 않는다'고 한다."(『익증』)

⋆선득기칠팔구륙지수先得其七八九六之數, 이후득기일효과설지책而後得其一爻過揲之策: "태양의 효는 9의 수를 얻는데 그 과설한 책수를 4분해도 9이다. 태음의 효는 6의 수를 얻는데 그 과설한 책수를 4분해도 6이다. 이소二少(두 번 적은 수가 나오는 경우)도 마찬가지이다."(『차의』)

⋆이사승기칠팔구륙지수以四乘其七八九六之數, 이후득기일괘과설지책而後得其一卦過揲之策: "「대전」(『계사전』)에서 말한 '건괘의 책수는 216이고, 곤괘의 책수는 144이다'라고 한 것이 이른바 '한 괘의 과설한 책수'이다. 대체로 한 괘의 6효가 모두 태양일 경우, 6×9=54가 되어 4로 곱하면 그 과설한 책수는 216이 된다. 한 괘의 6효가 모두 태음일 경우, 6×6=36이 되어 4로 곱할 경우 그 과설한 책수는 144가 된다. 이소二少도 마찬가지이다."(『차의』)

今乃以乾坤之策爲母, 反再分之[7], 而後得九·六焉, 且又不及乎七·八而以爲無象, 誤益甚矣. 抑七·八·九·六之用於蓍, 正以流行經緯乎陰陽之間而別其老少, 以辨其爻之變與不變也, 九·六豈乾·坤之所得專, 而七·八豈六子之所偏用哉? 若如其言, 則凡筮得乾坤者無定爻, 得六子者無定卦矣, 尚何筮之云哉? 其曰'乾坤有用九用六之道, 六子無用七用八之道', 此又不考乎歐陽子「明用」之說, 其鑿甚矣. 又況方爲四象之時, 未有八卦之名耶? 如蘇氏所引一行之言, 謂有其象而合其數則可爾, 今直以八卦分之, 不亦太早計哉!

지금 건과 곤의 책수를 어미로 삼고 도리어 그것을 다시 나눈 뒤에 9, 6을 얻고* 게다가 또 7, 8을 얻지 못하자 상이 없는 것으로 여기니, 그릇됨이 더욱 심하다.* 그것이 아니라 7, 8, 9, 6을 설시에 사용하는 것은, 음양의 사이에서 유행하고 경위하면서 그 노소를 구별하여, 효의 변과 불변을 구분하려는 것이니, 9와 6이 어찌 건과 곤만이 전유하는 것이겠으며, 7과 8이 어찌 여섯 자식괘만이 치우치게 사용하는 것이겠는가?* 만약 그 말과 같다면 무릇 시초점을 쳐서 건과 곤을 얻은 경우 정해진 효가 없고, 여섯 자식괘를 얻은 경우 정해진 괘가 없게 되니*, 오히려 어찌 점쳤다고 말하겠는가? '건과 곤은 용9와 용6의 도가 있고, 여섯 자식괘는 용7과 용8의 도가 없다'고 하는 말도 구양자歐陽子의 「명용明用」의 설을 살피지 아니하여 그 천착이 심하다.* 또 하물며 막 4상의 때에는 아직 8괘의 이름이 없음에랴? 소씨가 인용한 일행의 말처럼 그 상이 있어서 그 수에 합한다고 말한다면

---

7) 【교감】 之: 송본과 절본에는 '及'으로 되어 있다.

괜찮겠으나 지금 곧바로 8괘로 그것들을 배분하는 것은 또한 너무 성급한 계산이 아니겠는가!

---

*이건곤지책위모以乾坤之策爲母 ~ 이후득구륙언而後得九六焉: "『역학계몽』은 괘륵한 것을 어미로 삼고, 과설한 것을 자식으로 삼았는데, 지금 도리어 과설한 것을 어미로 삼았다. 건괘의 책수 216을 6분하면 36이 되고, 곤괘의 책수 144를 6분하면 24가 된다. 또 36을 4분하면 9가 되고, 24를 4분하면 6이 된다."(『차의』) "「대전」에서 효를 세운 순서로 볼 때 먼저 괘륵한 7, 8, 9, 6의 수를 얻은 뒤에 그 한 효의 과설한 36개의 책수를 얻는다. 또 36을 6효에 쌓은 뒤에 그 한 괘의 과설한 216개의 책수를 얻는다. 이는 괘륵이 어미가 되고 과설한 것이 자식이 되는 것이다. 그런데 지금 도리어 한 괘의 과설한 책수를 어미로 삼고 이로부터 두 번 나눈 뒤에야 비로소 9와 6을 얻게 되는데 또 7과 8을 얻는 데에는 미치지 못하니, 전도되고 어긋남이 심하다."(『절보』)

*오익심의誤益甚矣: "태양, 태음의 법칙과 같다면 마땅히 소양의 경우에, 과설한 28을 얻어서 4분하면 7을 얻고, 소음의 경우에, 과설한 32를 얻어서 4분하면 8을 얻는다. 그 법칙은 하나같이 태양과 태음의 법과 같다. 그런데 지금 '7, 8에는 미치지 못한다'고 하며 '상이 없다'고 말하고 있으므로, '그릇됨이 더 크다'고 한 것이다."(『차의』)

*칠팔기륵자지소편용七八豈六子之所偏用: "7, 8, 9, 6은 8괘 안에 통행한다. 건과 곤은 실로 9와 6이지만 거기에도 7과 8이 있으며, 여섯 자식괘는 실로 7과 8이지만 거기에도 9와 6이 있다. 대체로 효가 변하는 것은 9와 6이고, 불변하는 것은 7과 8이니, 서로에게 틈이 없다. 전유할 수도 없고 치우칠 수도 없다."(『익증』)

*약여기언若如其言 ~ 득육자자무정괘의得六子者無定卦矣: "정괘定卦의

'정定'은 '변變' 또는 '지之'의 오자인 것 같다. 대체로 건은 9 또는 7에서 얻어지고, 곤은 6 또는 8에서 얻어지므로, 또한 정해진 효가 있는 것이다. 그런데 지금 곽씨의 말처럼 건과 곤이 모두 9와 6에서 얻어진다고 하면, 9와 6은 변하니 이는 정해진 효가 없는 것이다. 여섯 자식괘가 7과 8에서 얻어지기도 하고 9와 6에서 얻어지기도 하므로, 또한 변하는 괘가 있는 것이다. 그런데 지금 곽씨의 말처럼 모두 7과 8에서 얻어진다고 하면 7과 8은 변하지 않으니, 이는 변하는 괘가 없는 것이다."(『차의』) "시초점을 쳐서 건괘와 곤괘가 나왔을 때 괘 전체가 모두 9와 6이라면 오직 용9와 용6의 점만을 사용하여 6효의 효사는 더욱 쓰이는 곳이 없으니, 이는 정해진 효가 없는 것이다. 시초점을 쳐서 여섯 자식괘가 나왔을 때 모두 건과 곤의 획을 빌려서 사용하고 원래 여섯 자식괘의 획은 없다. 본괘의 7과 8은 다만 9와 6 속에 숨어있을 뿐이니, 이는 정해진 괘가 없는 것이다."(『절보』)

*불고호구양자명용지설不考乎歐陽子明用之說, 기착심의其鑿甚矣: "구양자歐陽子이 말하기를, 건의 효는 7, 9인데 9는 변한다. 곤의 효는 8, 6인데 6은 변한다. 역은 변을 사용하여 점치므로 그 효를 밝힌 것이다. 대개 건이 늙으면 변하고 젊으면 변하지 않는다. 건괘의 6효가 모두 늙으면 건괘가 변하여 곤괘가 되므로 '뭇 용들이 머리가 없으니 길하다'고 한다. 이것이 곤괘의 '암말의 일에 이롭다'는 뜻이다. 곤괘의 6효가 모두 늙으면 변하여 건괘가 되므로, '오래 곧으면 이롭다'고 한다. 이는 건괘의 '곧은 일에 이롭다'는 뜻이다. 무릇 괘들이 다 그러하다. 준괘의 경우, 초효와 제5효가 노양을 얻고 제2, 3, 4, 6효가 노음을 얻는다면 변하여 정괘鼎卦가 되니, 당연히 정괘鼎卦의 '크게 형통하다'는 것으로 점을 풀어야 한다. 주공周公이 특별히 건괘와 곤괘라는 순전한 괘에서 이 용9, 용6의 용례를 펴서 다른 모든 괘가 그러하다는 것을 알게 한 것이다. 그런데 지금 건괘와 곤괘에 용9, 용6이 있고, 여섯 자식괘에는 용7, 용8의 도리가 없다고 한다면 마치 다른 모든 괘가 단지 7과 8을 얻고 9와 6은 얻을 수 없다는 것과 같다. 그러므로 그 천착이 심한 것이다."(『차의』) "일설에 구양자가 다음과 같이 말했다고 한다. '건괘와 곤괘의 용9와 용6은 무엇을 말하는가? 건의 효가 7과 9이고 곤의 효가 8과 6이다. 9와 6은 변하지만 7과 8은 변하지 않는데 역의 도는 그

변한 것을 가지고 점치므로, 그 점친 것을 가지고 효라고 이름하는 것이지 여섯 효가 다 9와 6이라고 이르지 않는다. 시초점을 칠 때에 7과 8은 많고 9와 6은 적으며 9와 6이 없는 것이 있다. 이는 가리지 않으면 안 된다. 64괘가 모두 그러하다. 특별히 건과 곤에서 말한다면 나머지도 알 수 있다.' 운운하였다. 대개 용9와 용6은 모든 괘가 그러한 것인데, 지금 건과 곤에 용9와 용6이 있고, 여섯 자식괘에는 용7, 용8의 도가 없다고 하면 마치 여섯 자식괘가 마땅히 7과 8을 써야 하는데 그 여섯 효가 다 건과 곤의 획으로서 여섯 자식괘의 획이 없으므로 7과 8을 쓸 수 없다는 것과 같으므로 그 천착이 심하다고 한 것이다."(『익증』)

『釋疑』「序」云, “「繫辭」不載九·六·七·八陰陽老少之數, 聖人畫卦, 初未必以陰陽老少爲異. 然卜史之家取動爻之後卦, 故分別老少之象, 與聖人畫卦之道已不同矣. 後世大失聖人之意者, 多主卜史之言, 而不知所謂‘策數’也.”

『석의釋疑』*의 서문에서 말했다. “「계사」에는 9, 6, 7, 8과 같은 음양의 노소의 수가 실려 있지 않으니, 성인이 괘를 그렸을 때 처음부터 음양의 노소를 꼭 다르다고 생각한 것은 아니었다. 그러나 복사가卜史家들은 효가 움직인 뒤의 괘*를 취하므로 노소의 상을 분별하니 성인이 괘를 그린 도리와는 이미 같지가 않다. 후세에도 성인의 의도를 크게 잃은 자들이 복사가들의 말을 위주로 하는 경우가 많아서 이른바 ‘책수’를 알지 못한다.”

---

*석의釋疑: “곽옹의 저술인 것 같다.”(『차의』)

*취동효지후괘取動爻之後卦: “건괘의 초효가 움직이면 구姤괘로 점을 취하는 것과 같다. 구姤괘가 곧 건괘의 후괘後卦이다. 동動은 변變과 같다.”(『차의』)

今按, 『周禮』太卜·占人·筮人之官概擧其法, 不能甚詳, 然其不見於「大傳」者已多矣. 然皆周公法也. 安知七·八·九·六之說不出於其中, 而夫子贊『易』之時見其已著而遂不之及乎? 正如『禮記』「冠義」「鄕飮酒義」之屬, 亦以其禮自有明文, 故詳其義而略其數. 亦不可但見「大傳」之詞有所不及而遂謂聖人畫卦初不以此爲異也. 聖人作『易』, 本爲卜筮, 若但有陰陽而無老少, 則又將何以觀變而玩其占乎? 且策數之云, 正出於七·八·九·六者. 今深主策數而力排七·八·九·六爲非聖人之法, 進退無所據矣.

지금 생각건대, 『주례』의 태복과 점인과 서인 등의 관리가 개략적으로만 그 방법을 들고 있어서 그리 자세히 알 수는 없지만, 그것조차 「대전」에 보이지 않는 것이 이미 많다. 그러나 모두 주공周公의 방법이다. 7, 8, 9, 6의 설이 『주례周禮』에 나오지 않지만 공자가 『역』을 찬술할 때에 이미 아주 분명해서 언급하지 않았다는 것*을 곽옹이 어찌 알겠는가? 바로 『예기』의 「관의」, 「향음주의」 등처럼 역시 그 예禮가 본래 명문明文이 있기* 때문에 그 뜻을 자세히 하면서 그 수는 간략히 한 것이다. 또한 단지 「대전」의 글에 언급되지 않았음을 보고서 드디어 성인이 괘를 그릴 초기에 이를 다르다고 여기지 않았다고 말할 수는 없는 것이다. 성인이 『역』을 지은 것은 본디 점치기 위해서인데 만약 음양만 있고 노소는 없다면 또 어떻게 변화를 관찰하여 그 점을 완미할 것인가? 게다가 책수라는 것은 바로 7, 8, 9, 6에서 나온 것들이다. 지금 책수를 매우 중시하면서 7, 8, 9, 6이 성인의 법이 아니라고 극력 배척하니, 진퇴에 있어 근거가 없게 된다.*

*수불지급호遂不之及乎: “7, 8, 9, 6을 언급하지 않았음을 이른다.”(『차의』)

*기례자유명문其禮自有明文: “『의례』를 이른다.”(『익증』)

*진퇴무소거進退無所據: “책수는 실제로 7, 8, 9, 6에서 나왔지만 지금 7, 8, 9, 6은 극력 비판하고, 책수는 매우 중시하니 이것이 진퇴에 근거가 없는 것이다.”(『차의』)

『辨證』曰, "凡卦爻所得之數, 獨謂之策, 自餘雖天地大衍, 亦皆但謂之數."

『변증』*에서 말했다. "무릇 괘효가 얻은 수*는 오직 책策이라고만 하며, 나머지는 비록 천지대연이라 하더라도 모두 수라고만 말한다."

---

*변증辨證: "곽옹의 저술인 것 같다."(『차의』) 남송南宋의 학자 조여매趙汝楳의 저술 『서종筮宗』(1卷 3篇) 제3편 「선전고先傳考」에 따르면 '백운곽씨왈白雲郭氏日 …'로 되어 있다. 백운白雲은 곽옹의 자호로 산골짜기를 방랑하며 은거하였기에 스스로에게 붙인 호이다.(『사고전서』 『주역집문周易輯聞』 「서종筮宗」)

*괘효소득지수卦爻所得之數: "이는 과설의 책수를 가리키지만 이 문단의 주장도 과설을 정수正數라고 여기고 괘륵한 수를 사용하지 않는 것을 정도로 여긴 것이다. 자여自餘는 무릇 괘륵 이외의 것과 아울러 대연의 수를 가리킨다."(『익증』)

今按, 此說之誤已辨於「大傳」策數之下矣. 大凡蓍之一籌謂之一策, 策中乘除之數則直謂之數矣.

지금 생각건대, 이 주장의 잘못은 이미 「대전」의 책수策數을 언급한 부분* 아래에서 변증하였다. 대개 시초의 산대 하나를 1책이라 하니, 책 가운데 곱하거나 나눈 수는 곧바로 수라고 한다.

---

*대전책수大傳策數: "곧 윗글 '지금 책策이라 하는 것을 살펴보건대 …'가 이것이다."(『차의』)(위 '건지책이백일십유륙乾之策二百一十有六 운운'절의 주자안 참조)

又曰, “扐者, 數之餘也, 如『禮』言‘祭用數之扐’, 是也. 或謂‘指間’爲‘扐’, 非也. 揚子雲作‘艻’, 亦謂蓍之餘數, 豈以草間爲‘艻’耶?”

또 말했다. “륵扐은 수의 나머지이니, 『예기』의 ‘제사에는 수(1년 총수입)의 나머지(扐)*를 쓴다’와 같은 말*이 이것이다. 더러 ‘손가락 사이’를 ‘륵扐’이라 하는데 잘못이다. 양자운(양웅)이 ‘륵艻’이라 한 것*도 시초의 나머지수를 가리킨 것이지, 어찌 풀과 풀 사이를 ‘륵艻’이라고* 여겼겠는가?”

---

*수지륵數之扐: “륵扐은 『예기』 본문에서 인人을 좇는다.”(『차의』) “륵扐은 10분의 1이다.”(『익증』)

*예언禮言: “「왕제王制」의 글이다.”(『익증』) 『예기禮記』 「왕제王制」, “총재가 국용을 결정하는 것은 반드시 연말에 오곡이 다 들어온 뒤에 결정한다. 토지의 크고작은 것을 기초로 하고 한해의 풍흉을 살펴 30년의 통산 평균으로 국용을 결정하며 수입을 헤아려서 지출을 행한다. 제사에는 1년 총수입의 1/10을 쓴다.(冢宰制國用, 必於歲之杪, 五穀皆入, 然後制國用. 用地小大, 視年之豐耗. 以三十年之通制國用, 量入以爲出. 祭用數之仂.)”

*양자운작륵揚子雲作艻: “륵艻은 기奇이다. 륵勒과 륵扐은 통용자이다. 『태현경』은 여餘를 륵艻에 합하고 일륵一艻한 뒤에 그 나머지를 셈하였다.”(『익증』)

*기이초간위륵야豈以草間爲艻耶: “륵扐자가 수手를 부수로 하기 때문에 손가락 사이를 가리킨다면 륵艻자는 초艸를 부수로 하므로 풀과 풀 사이를 칭하는 것이냐고 말한 것이다.”(『익증』)

今按, ‘歸奇於扐’, 謂歸此餘數於指間耳, 則此‘扐’字乃歸餘數之處, 而非所歸餘數之名矣. ‘祭用數之扐’者, 亦謂正數在握中而其奇零之數在指間. 指屬人身, 故從‘人’從‘力’而爲‘扐’也. 芀主[8]於蓍, 而言此草在人指間也. 凡從‘力’者, 皆‘勒’之省文.

지금 생각건대, ‘귀기어륵歸奇於扐’은 이 나머지수를 손가락 사이에 귀속하는 것을 이를 뿐이니, 이 ‘륵扐’자는 곧 나머지수를 귀속시키는 곳이지, 귀속된 나머지수를 가리키는 명칭이 아니다. ‘제사에는 수의 나머지를 쓴다’는 것도 정수正數이 손바닥 안에 있고 그 나머지의 수가 손가락 사이에 있음을 가리킨다. 손가락은 사람 몸에 속하므로 ‘인人’과 ‘력力’를 좇아서 ‘륵扐’이 된다. 륵芀은 시초를 위주로 하여 이 시초가 사람의 손가락 사이에 있음을 말한다. 대개 ‘력力’을 좇은 것은 모두 ‘륵勒’의 줄임말이다.

8) 【교감】 芀主: “生은 主자의 오자인 것 같다.”(『차의』) 이에 따라 ‘主’로 바로 잡는다.

又曰, "如『正義』之說, 是六揲·六扐而成一爻, 三十六揲·三十六扐而成一卦[9], 與'十八變而成卦'之[10]文異矣."

또 말했다. "『정의』의 설은 여섯 번 설시하고 여섯 번 괘륵하여* 1효를 이루고, 서른여섯 번 설시하고 서른여섯 번 괘륵하여 8괘를 이루는 것이니, '18변 하여 괘를 이룬다'는 문장과는 다르다."

*육설육륵六揲六扐: "매 1변마다 각각 재설再揲하고 재륵再扐하므로, 3변하면 6설揲6륵扐이 되고 18변 하면 36(설揲·륵扐)이 됨은 실로 이 말과 같다."(『익증』)

9) 【교감】 一卦: "8은 1의 오자인 것 같다."(『차의』) 이에 따라 바로잡는다.

10) 【교감】 成卦之: "당나라 본에는 '成' 아래 '卦'자가 있다."(『차의』) 이에 따라 바로잡는다.

今按, 一變之中, 再揲·再扐, 則十有八變之, 與'三十六揲·三十六扐'未有所戾也.

지금 생각건대, 1변 가운데 두 번 설시하고 두 번 괘륵하면 18번 변하니, '서른여섯 번 설시하고 서른여섯 번 괘륵한다'는 것과 어그러지는 점이 없다.*

---

*금안今按 ~ 소려야所戾也: "경문에서 18변을 말하면서 36설륵揲扐이 불가하다는 말은 하지 않았으니 36설륵이 실로 18변 안에 있어서 둘 다 어긋남이 없음을 알 수 있다. 그것이 다른 것이라고 말할 수 없다."(『익증』)

<table>
<tr><td colspan="3">過揲二十八策</td></tr>
<tr><td>圓圍三</td><td>方圍四用半</td><td>方圍四用半</td></tr>
<tr><td colspan="3">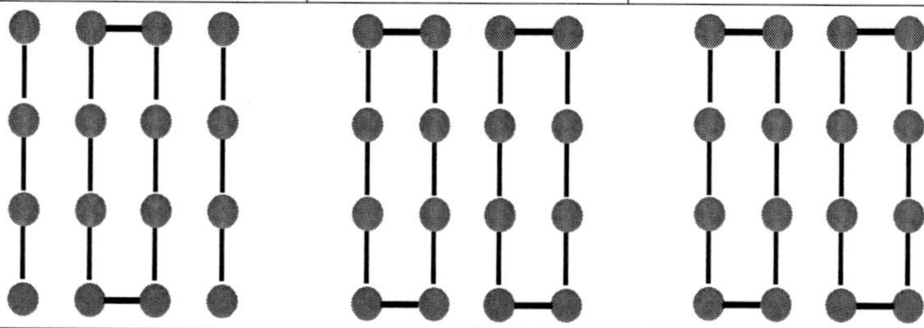</td></tr>
<tr><td>三揲掛扐四</td><td>再揲掛扐八　初揲扐八</td><td>初揲掛一</td></tr>
<tr><td>圓徑一</td><td>方徑一　方徑一</td><td></td></tr>
<tr><td colspan="3">掛扐二十一策</td></tr>
</table>

<table>
<tr><td colspan="3">과설過揲한 28책</td></tr>
<tr><td>원의 둘레가 3</td><td>모의 둘레가 4이나 반을 씀</td><td>모의 둘레가 4이나 반을 씀</td></tr>
<tr><td colspan="3">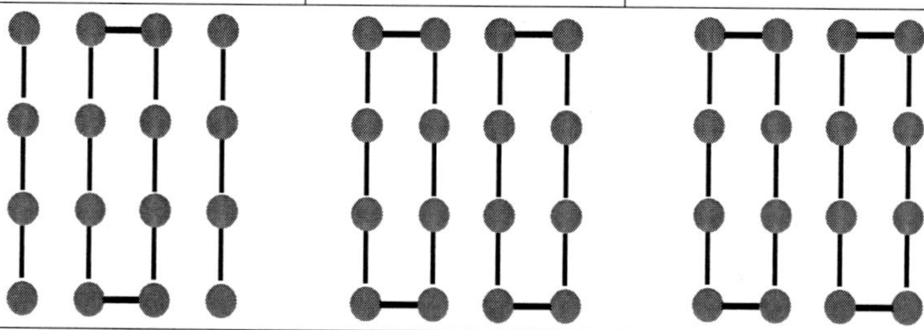</td></tr>
<tr><td>세 번째 설시하여 괘륵한 4</td><td>두 번째 설시하여 괘륵한 8 / 처음 설시하여 괘륵한 8</td><td>처음 설시하여 괘일掛一함</td></tr>
<tr><td>원의 지름이 1</td><td>모의 길이가 1 / 모의 길이가 1</td><td></td></tr>
<tr><td colspan="3">괘륵掛扐한 21책</td></tr>
</table>

과설過揲한 24책		
모의 둘레가 4이나 반을 씀	모의 둘레가 4이나 반을 씀	모의 둘레가 4이나 반을 씀
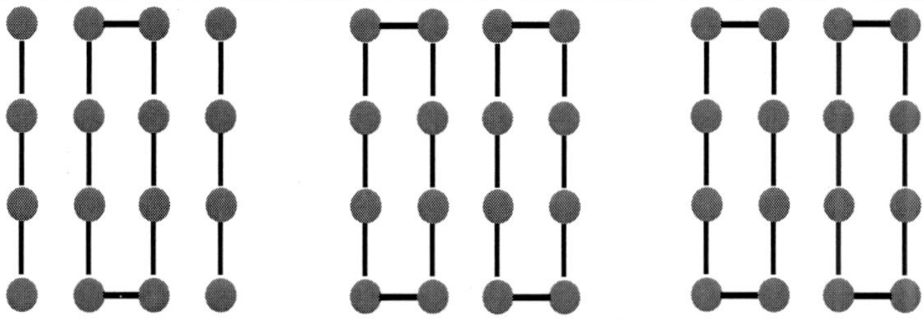		
세 번째 설시하여 괘륵한 8	두 번째 설시하여 괘륵한 8 / 처음 설시하여 괘륵한 8	처음 설시하여 괘일掛一함
모의 지름이 1	모의 길이가 1 / 모의 길이가 1	
괘륵掛扐한 35책*		

過揲二十四策		
方圍四用半	方圍四用半	方圍四用半
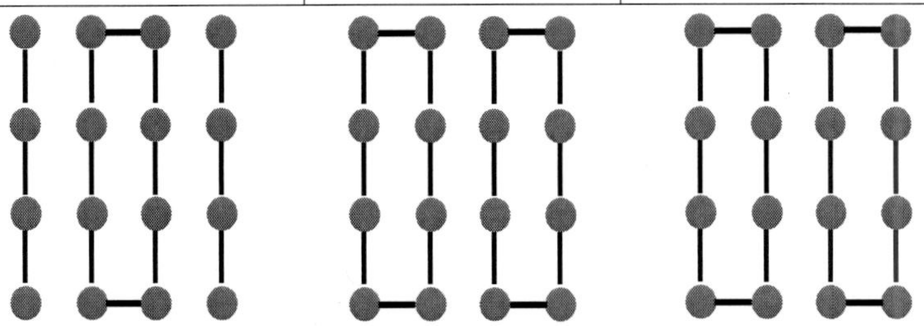		
三揲掛扐八	再揲掛扐八　初揲扐八	初揲掛一
方徑一	方徑一　方徑一	
掛扐三十五策		

*삼십오책三十五策: "3은 2의 오자인 것 같다."(『차의』)

又曰, "蘇氏所載一行之學曰, '多少者, 奇偶之象也. 三變皆少, 則乾之象也. 乾所以爲老陽, 而四數其餘得九, 故以九名之. 三變皆多, 則坤之象也. 坤所以爲老陰, 而四數其餘得六, 故以六名之'. 又曰, '七·八·九·六者, 因餘數以名陰陽. 而陰陽之所以爲老少者, 不在是而在乎三變之間, 八卦之象也'. 如上所言, 則是直取三變多少卦象相類以畫爻, 而不復論其策數也.

또 말했다. "소식이 기록한 일행一行의 학문에서, '많고 적음(多少)은 기와 우의 상이다. 3변이 모두 적은 수(少)가 나오면 건의 상이다. 건은 노양이 되어서 그 나머지(과설의 책)를 넷씩 세면* 9를 얻으므로 9로 이름한다. 3변이 모두 많은 수(多)가 나오면 곤의 상이다. 곤은 노음이 되어서 그 나머지를 넷씩 세면 6을 얻으므로 6으로 이름한다'고 하였고, 또 '7·8·9·6은 나머지의 책수로 말미암아* 음과 양으로 이름한 것이지만, 음양이 늙거나 어리게 되는 것은 여기에 있지 않고 3변하는 사이의 8괘의 상에 달려 있다'*고 하였다. 그런데 이상과 같은 말은 곧바로 3변의 다소多少과 괘상의 유사함을 취하여 효를 그리고는 더 이상 그 책수를 논하지 않는 것이다."

*사수기여四數其餘: "그 과설한 36책을 넷씩 센다는 말이다."(『익증』)
*인여수因餘數: "곧 과설한 수이다."(『익증』)
*부재不在 ~ 괘지상야卦之象也: "'여기에 있지 않다'는 것은 7·8·9·6에 있지 않고 3변하는 사이에 있다는 말이다. '8괘의 상'은 3변하여 544를 얻은 것이 건乾의 상이고, 988을 얻은 것이 곤坤의 상이고, 944를 얻은 것이 태兌 소음少陰의 상이고, 588을 얻은 것이 간艮 소양少陽의 상이고, 리离·손巽·진震·감坎이 모두 이를 따른다는 말이다. 소식의 설은 다만 8괘의 상뿐이다."(『차의』) "소식의 설은 그 윗글의 어의로 추리해 보건대, 노양이 노양이 되는 까닭은 그것이 건乾의 상을 가지고 있기 때문일 뿐이며 그것이 9라는 이름을 얻은 것은 넷씩 센 나머지수가 9이기 때문이라고 말하는 것이다. 그러나 이것은 단지 노양이 그 이름을 얻은 원인일 뿐이다. 그것이 양이 되는 까닭과 같은 것은 이 나머지수가 9가 되는 것과는 관련이 없다. 노음도 이에 준한다. 『차의』에서 7·8·9·6에 있지 않다고 한 것은 조금은 왜곡된 것 같다."(『문목』)

今按, 四十九中聖人無不用之數, 已見於前矣. 蘇氏之說既不知七·八·九·六之已具於掛扐, 而必求之過揲之間, 其與郭氏之說已略相似矣. 但蘇氏以八卦之象爲斷而郭氏以四象之策爲言, 少不同耳. 然蘇氏亦云'四數其餘得九', 則固亦兼取策數矣. 而郭氏峻文深詆, 遽至於此, 亦可畏哉!

지금 생각건대, 49 가운데 성인이 사용하지 않은 수가 없음은 이미 앞에 보인다.* 소식의 주장은 7·8·9·6이 괘륵한 것에 이미 갖추어져 있음을 알지 못하여 반드시 그것을 과설한 것 속에서 구하고자 하는 것이니 곽옹의 주장과 대략 서로 비슷하다. 다만 소식은 8괘의 상으로 판단하였고 곽옹은 4상의 책으로 말하였으니, 조금 다를 뿐이다. 그러나 소식도 '그 나머지를 넷씩 세면 9를 얻는다'고 말하였으니 실로 책수도 아울러 취한 것이다. 곽옹은 엄격한 법칙을 가지고 심하게 비난하며* 갑자기 여기에 이르렀으니 또한 놀랄 만하지 않은가!

---

*이현어전已見於前: "이 뜻은 위에서 겸산의 설을 비판한 곳에 보인다. 괘륵한 책수를 겸하여 써서 4상의 수를 정해야 한다는 말이다."(『익증』)

*준문심저峻文深詆: "윗 단락의 '여상소언칙如上所言則' 이하를 가리킨다."(『차의』)

又云, "凡揲蓍, 第一變必掛一者, 謂不掛一則無變, 所餘皆得五也, 惟掛一則所餘非五則九, 故能變. 第二·第三變雖不掛, 亦有四·八之變, 蓋不必掛也."

또 말했다. "무릇 설시揲蓍할 때 제1변 때에 반드시 하나를 거는 것은, 하나를 걸지 않을 경우 변화가 없어서 남는 수가 모두 5가 되고*, 하나를 걸면 남는 것이 5 아니면 9가 되므로 변화할 수 있기 때문이다. 제2·제3변의 경우는 비록 하나를 걸지 않더라도 4와 8의 변화가* 있으니 반드시 걸어야 할 필요가 없다."

---

*소여개득오所餘皆得五: "제1변에서 남는 수가 모두 5라는 말이다. 만약 掛一하면 제1변에서는 5 또는 9를 얻는다."(『차의』)

*사팔지변四八之變: "노양은 제2변에서 4를 얻고 제3변에서 8의 수를 얻는다. 이것이 곧 4 아니면 8이라는 것이니 또한 변화라고 이를 만하다."(『익증』)

今按, 三變皆掛, 盖本「大傳」所謂‘四營而成易’者, 予已論於前矣. 然其所以不可不掛者, 則又有兩說. 盖三變之中, 前一變屬陽, 故其餘五·九皆奇數. 後二變屬陰, 故其餘四·八皆偶數. 屬陽者爲陽三而爲陰一, 圍三徑一之術也.【掛一而左一右三也, 掛一而左右皆二也, 掛一而左三右一也, 皆陽也. 掛一而左右皆四者, 陰也.】 屬陰者爲陰二而爲陽二, 皆以圍四用半之術也.【掛一而左一右二也, 掛一而左二右一也, 陽也. 掛一而左三右四也, 掛一而左四右三也, 陰也.】 是皆以三變皆掛之法得之, 後兩變不掛則不得也.【後兩變不掛, 則左一右三, 左二右二, 左三右一, 皆爲陽. 惟左右皆四乃爲陰.】 三變之後, 其可爲老陽者十二, 可爲老陰者四, 可爲少陰者二十八, 可爲少陽者二十. 雖多寡之不同, 而皆有法象.【老陰陽數本皆八, 老者動而陰性本靜, 故損陰之四以歸於陽. 少陰陽數本皆二十四, 少者靜而陽性本動, 故損陽之四以歸於陰.】 是亦以三變皆掛之法得之, 而後兩變不掛則不得也.【後兩變不掛, 則老陽·少陰皆二十. 十, 少陽九, 老陰一.】 郭氏僅見第二·第三變可以不掛之一端爾, 而遂執以爲說, 夫豈知其掛與不掛之爲得失乃如此哉. 大抵郭氏他說偏滯雖多, 而其爲法尚無甚戾. 獨此一義所差雖小, 而深有害於成卦變爻之法, 尤不可以不辨.

지금 생각건대, 3변이 모두 하나를 거는 것이 「대전」의 ‘네 번 경영하여 역을 이룬다’는 말에 근본하는 것임은 내가 이미 앞에서 논하였다. 그러나 그 하나를 걸지 않을 수 없는 까닭에 대해서는 또 두 가지 주장이 있다. 대개 3변 가운데 앞의 1변은 양에 속하므로 그 나머지의 5와 9가 모두 홀수이지만 뒤의 2변은 음에 속하므로 그 나머지의 4와 8이 모두 짝수이다. 양에 속한 것은 양이 세 번이 되고 음이 한 번이 되니 위삼경일圍三徑一(둘레를 3, 지름을 1로 함)*의 방법이다. 【1개를 걸고 왼손에 1개, 오른손에 3개가 떨어지거나, 1개를 걸고 왼손과 오른손에 모두 2개가 떨어지거나, 1개를 걸고 왼손에 3개, 오른손에 1개가 떨어지니, 모두 양이다. 1개를 걸고 왼손과 오른손에 모두 4개가 남으면 음이다.】 음에 속한 것은 음이 두 번이 되고 양이 두 번이 되니 모두 위사용반圍四用半(네 변의 길이가 4이지만 반을 씀)의 방법이다. 【1개를 걸고 왼손에 1개, 오른손에 2개가 떨어지거나, 1개를 걸고 왼손에 2개 오른손에 1개가 떨어지면 양이다. 1개를 걸고 왼손에 3개, 오른손에 4개가 떨어지거나, 1개를 걸고 왼손에 4개 오른손에 3개가 떨어지면 음이다.】 이는 다 3변 모두 괘일掛一하는 방법으로 얻어지는 것이며, 뒤의 2변에 괘일하지 않는다면 얻을 수 없다. 【뒤의 2변에 괘일하지 않으면 왼손에 1개, 오른손에 3개가 되거나 왼손에 2개, 오른손에 2개가 되거나 왼손에 3개, 오른손에 1개가 되니 모두 양이 된다. 오직 왼손과 오른손에 모두 4개가 남아야 음이 된다.】 3변 후에 노양이 될 수 있는 것은 12번이고 노음이 될 수 있는 것은 4번이며, 소음이 될 수 있는 것은 28번이고 소양이 될 수 있는 것은 20번이다. 비록 많고 적음의 차이가 있지만 모두 표준적 상이 있다. 【노음의 양수는 모두 8번인데, 늙은 것은 움직이지만 음의 성질이 본디 고요하므로 음의 4번을 덜어서 양에 귀속한다. 소음의 양수는 본디 모두 24번인데 어린 것은 고요하지만 양의 성질이 본디 움직이므로 양의 4번을 덜어서 음에 귀속한다.】 이 역시 3변 모두 괘일하는 방법으로 얻은 뒤에 나중의 2변에 괘일하지 않으면 얻지 못한다. 【나중의 2변에 괘일하지 않으면 노양과 소음 모두 20번이다. 10번은 소양이 9번, 노음이 1번이다.】 곽옹은 겨우 제2, 제3변에서 괘일하지 않아도 되는 일단을 보고서 드디어 고집스럽게 설을 만들었지만, 대체로 어찌 그 1개를 거는 것과 걸지 않는 것의 득실이 이와 같은 줄을 알겠는가? 대체로 곽옹이라는 사람의 설은 치우치고 막힘이 비록 많지만 그가 만든 법칙은 오히려 심하게 어그러진 것이 없다. 유독 이 한 뜻의 차이만은 비록 작지만 괘를 이루고 효를 변화시키는 방법에

심히 해로워서 더욱 변증하지 않을 수 없다.

---

*위삼경일圍三徑一: "양 3이 됨이 위圍3의 뜻이다. 음 1이 됨이 경徑1의 뜻이다. 이곳의 주 '괘일掛一' 이하는 『역학계몽』 노양도老陽圖 아래의 주와 동일하다."(『익증』)

過揲三十六策		
圓圍三	圓圍三	圓圍三
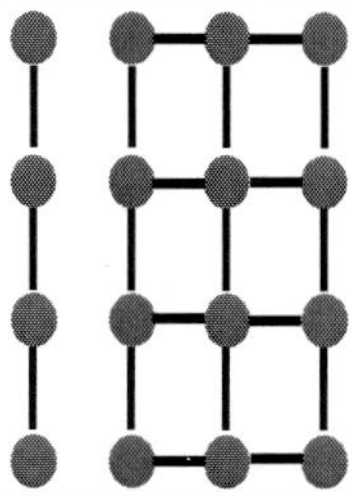	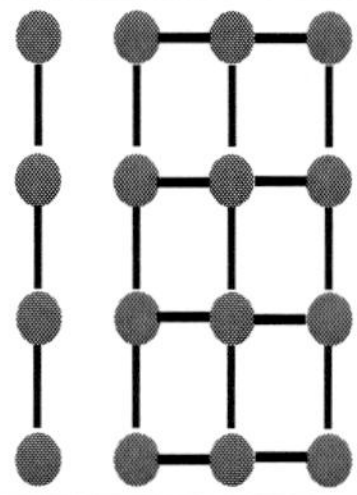	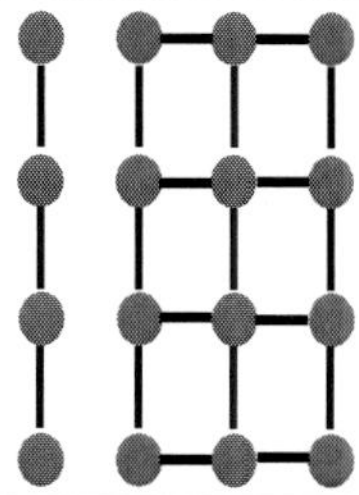
三揲掛扐四	再揲掛扐四　初揲扐四	初揲掛一
圓徑一	圓徑一　圓徑一	
掛扐十三策		

과설過揲한 36책		
원의 둘레가 3	원의 둘레가 3	원의 둘레가 3
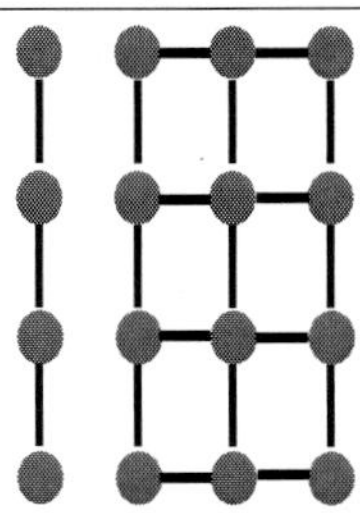	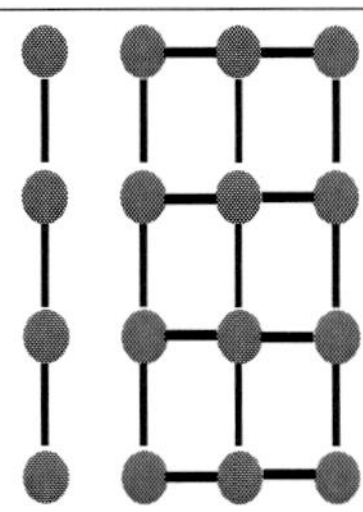	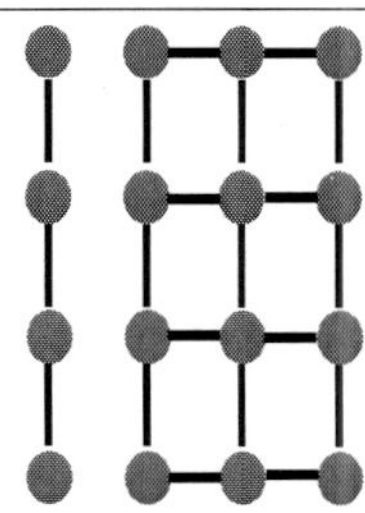
세 번째 설시하여 괘륵한 4	두 번째 설시하여 괘륵한 4 / 처음 설시하여 괘륵한 4	처음 설시하여 괘일掛一함
원의 지름이 1	원의 지름이 1 / 원의 지름이 1	
괘륵掛扐한 13책		

過揲三十二策

方圍四用半	圓圍三	圓圍三
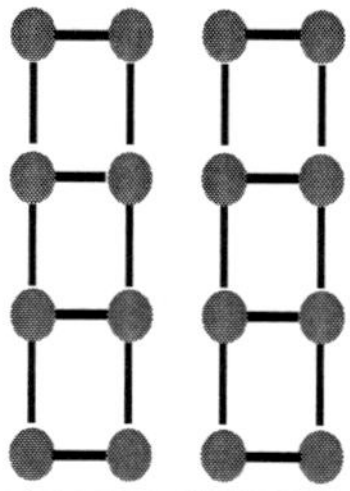	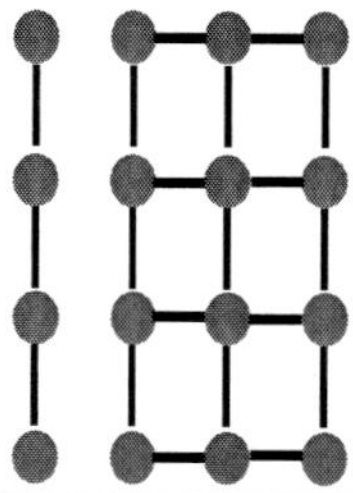	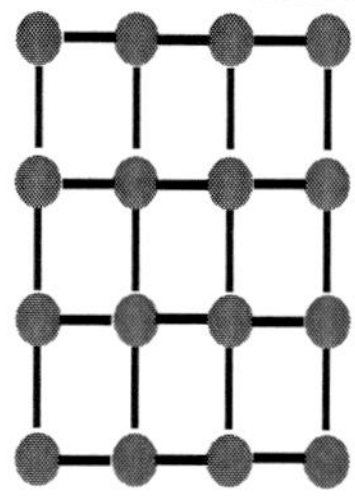
三揲掛扐八	再揲掛扐四　初揲扐四	初揲掛一
方徑一	圓徑一　圓徑一	

掛扐十七策

과설過揲한 32책

모의 둘레가 4이나 반을 씀	원의 둘레가 3	원의 둘레가 3
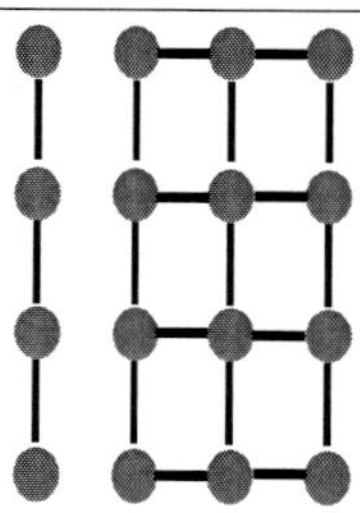	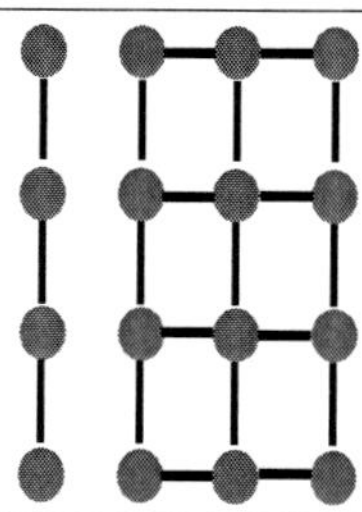	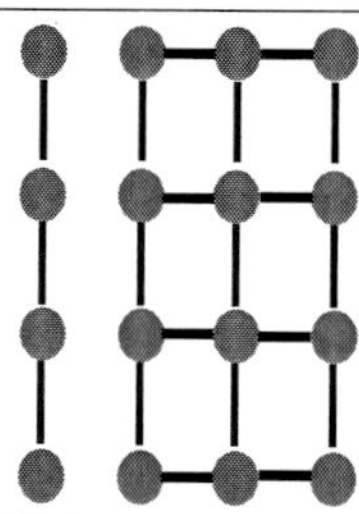
세 번째 설시하여 괘륵한 8	두 번째 설시하여 괘륵한 4 / 처음 설시하여 괘륵한 4	처음 설시하여 괘일掛一함
모의 지름이 1	원의 지름이 1 / 원의 지름이 1	

괘륵掛扐한 17책*

*과설이십팔책過揲二十八策 ~ 괘륵삼십오책掛扐三十五策: "이곳의 도圖와 설說은 모두 뒤섞이고 순서가 없으니 아마도 편자의 잘못인 것 같다. 내 생각에, '우왈소씨又曰蘇氏' 한 단락과 '금안사십구今按四十九' 한 단락과 '우운범설시又云凡揲蓍' 한 단락과 '금안삼변개괘今按三變皆掛' 한 단락을 모두 마땅히 '금안일변지중今按一變之中' 단락 아래에 옮긴 뒤에, '과설삼십육책過揲三十六策'도를 제1도로 삼고 '과설삼십이책過揲三十二策'도를 제2도로 삼고 '과설이십팔책過揲二十八策'도를 제3도로 삼고 '과설이십사책過揲二十四策'도를 제4도로 삼아야 한다. 이 네 그림은 서로 연결되어 있어서 '금안삼변개괘今按三變皆掛' 단락 뒤에 붙인다면 순서가 정연하여 혼란스럽지 않게 된다."(『차의』)

五歲再閏圖*

舊說											
第一變				第二變				第三變			
掛揲左	扐左	揲右	扐右	掛揲左	扐左	揲右	扐右	掛揲左	扐左	揲右	扐右
甲 乙	丙閏	丁	戊閏	己 庚	辛閏	壬	癸閏	甲 乙	丙閏	丁	戊閏

5년 2윤 그림

구설舊說											
제1변				제2변				제3변			
왼손 책을 걸고 셈	왼손 책을 끼움	오른손 책을 셈	오른손 책을 끼움	왼손 책을 걸고 셈	왼손 책을 끼움	오른손 책을 셈	오른손 책을 끼움	왼손 책을 걸고 셈	왼손 책을 끼움	오른손 책을 셈	오른손 책을 끼움
甲 乙	丙閏	丁	戊閏	己 庚	辛閏	壬	癸閏	甲 乙	丙閏	丁	戊閏

---

*원래는 이와 같은 도표로 되어 있는 것이 아니라 아래과 같이 행만 각각 달리하여 죽 이어 쓰여 있다. 『차의』의 지적처럼 뒤섞이고 순서가 없다는 것은 이것을 말한다.

> 五歲再閏圖
> 舊說
> 第一變　第二變　第三變
> 掛揲左　扐左揲右　扐右　掛揲左　扐左揲右　扐右　掛揲左 扐左揲右　扐右
> 甲乙丙閏　丁戊閏　己庚辛閏　壬癸閏　甲乙丙閏　丁戊閏

*오세재윤도五歲再閏圖: "선생은 괘일과 재설륵으로 5년의 수를 삼았기 때문에 1변에도 재윤의 상이 있게 된다. 곽옹은 설시의 수를 계산하지 않고 다만 륵扐의 수만 계산하기 때문에 반드시 3

변이 끝난 뒤에야 9년 3윤의 상을 얻게 되어, 5년 2윤과는 서로 맞지 않게 된다. ○ 생각건대, 이 그림은 필사할 때 가지런하게 정돈하지 못하여 알아보기 힘들기 때문에 다음과 같이 고친다."(『차의』)

第1變

掛	揲左	扐左	揲右	扐右
甲	乙	丙閏	丁	戊閏

第2變

掛	揲左	扐左	揲右	扐右
己	庚	辛閏	壬	癸閏

第3變

掛	揲左	扐左	揲右	扐右
甲**	乙	丙閏	丁	戊閏

** 『차의』에는 '갑甲'자 뒤에 '을乙'이 들어가 있으나 연문인 듯하다.

舊說, 掛一以象三者也. ‘扐’謂歸奇於扐, 以象閏者也. ‘五歲’者, 一變之間一掛·再揲·再扐, 各當一歲之象也. ‘再閏’者, 兩扐之歲爲再閏之象也. ‘而後掛’者, 又合餘蓍, 再分而掛, 以起後變之象也. 其文義象類既皆有條而不紊, 又通數之, 必五歲而再閏, 亦無不合.

구설은 괘일掛一하여 3을 상징한 것이다. ‘륵扐’은 기奇를 손가락 사이에 귀속하여 윤달을 상징한다. ‘5년(五歲)’은 1변 중의 한 번 괘일掛一하고 두 번 설시揲蓍하며 두 번 괘륵掛扐하는 것이 각각 1년의 상에 해당함을 가리킨다. ‘재윤’은 두 번 괘륵한 1년이 두 윤달의 상이 됨을 말한다. ‘그리고 나서 건다(而後掛)’는 것은 또 남겨진 시책들을 합하여 둘로 나누고 걸어서 그 다음 변화의 상을 일으키는 것이다. 그 문장의 의미와 상징의 부류가 모두 조리가 있어 어지럽지 않으며, 또 통틀어 세어보아도 반드시 5년 2윤과 맞지 않는 게 없다.*

---

*필오세이재윤必五歲而再閏, 역무불합亦無不合: “그 법에 괘掛가 첫 번째요 한 해로는 갑甲이 된다. 설좌揲左가 두 번째요 한 해로는 을乙이 된다. 륵좌扐左가 세 번째요 한 해로는 병丙이 되는데 거기에 윤달을 배치한다. 설우揲右가 네 번째요 한해로는 정丁이 된다. 륵우扐右가 다섯 번째요 한해로는 무戊가 되는데 거기에 윤달을 배치한다. 이것이 제1변이다. 아래의 2변도 이와 같다.”(『익증』)

郭氏說

一變	二變	三變	四變	五變	六變	七變	八變	九變
掛扐	扐	扐	掛扐	扐	扐	掛扐	扐	扐
甲閏	乙	丙	丁閏	戊	己	庚閏	辛	壬

곽옹설

1변	2변	3변	4변	5변	6변	7변	8변	9변
걸고 끼움	끼움	끼움	걸고 끼움	끼움	끼움	걸고 끼움	끼움	끼움
甲閏	乙	丙	丁閏	戊	己	庚閏	辛	壬

郭氏之說以掛爲奇, 三變之中第一變掛扐, 第二·第三變不掛而扐, 故以有掛有扐之變爲掛, 無掛有扐之變爲扐. 其有掛之扐又棄不數, 而曰歸奇必俟再扐者, 象閏之中閱再歲也. 然則掛象閏歲而不象三才, 扐反象不閏之歲而不象閏, 且必三扐而後復掛, 與「大傳」之文殊不相應. 又其閏必六歲而後再至, 亦不得爲五歲而再閏矣.

곽옹의 설은 괘일掛一한 것을 기奇로 삼으며, 3변 가운데 제1변은 괘일掛一도 하고 재륵再扐도 하지만 제2·제3변에는 괘일하지 않고 재륵하므로 괘일도 있고 재륵도 있는 변變은 괘掛가 되고, 괘일은 없고 재륵만 있는 변變은 륵扐이 된다. 그 괘일만 있는 때의 재륵한 것은 또 아예 셈하지 않으면서* 말하기를, '기奇를 귀속하는 것은 반드시 재륵을 기다려서 윤달을 상징한 가운데 2년을 보아야 한다'*고 하였다. 그렇다면 괘掛가 윤년은 상징하지만 3재를 상징하지 못하고 륵扐은 도리어 윤년이 아닌 해를 상징하고 윤년은 상징하지 못한다. 게다가 반드시 세 번 륵扐한 뒤에 다시 괘일한다는 것은 「대전」의 문장과 전혀 호응하지 않는다. 또 그 윤년은 반드시 6년이 지나야 다시 돌아오니 이것도 5년 2윤이 될 수 없다.

---

*우기불수又棄不數: "제1변에서 괘일을 셈하고 재륵은 셈하지 않음을 말한다."(『차의』) "제1변에서 괘일하고 또 재륵하는 것을 말한다."(『절보』)

*열재세야閱再歲也: "곽씨의 말은 여기까지이다."(『차의』)

『易』象九爲老陽, 七爲少, 八爲少陰, 六爲老. 舊說陽以進爲老, 陰以退爲老. 九·六者, 乾坤之畫, 陽得兼陰, 陰不得兼陽. 此皆以意配之, 不然也. 九·七·八·六之數, 陽順陰逆之理, 皆有所從來, 得之自然, 非意之所配也. 凡歸餘之數有多有少, 多爲陰, 如爻之偶. 少爲陽, 如爻之奇. 三少乾也, 故曰老陽. 九揲而得之, 故其數九, 其策三十六. 兩多一少, 則一少爲之主, 震·坎·艮也, 故皆謂之少陽.【少在初爲震, 中爲坎, 末爲艮.】 皆七揲而得之, 故其數七, 其策二十有八. 三多坤也, 故曰老陰. 六揲而得之, 故其數六, 其策二十有四. 兩少一多, 則一多爲之主, 巽·離·兑也, 故皆謂之少陰.【多在初爲巽, 中爲離, 末爲兑.】 皆八揲而得之, 故其數八, 其策三十有二. 盈則變【純少陽盈, 純多陰盈.】, 盈爲老, 故老動而少靜. 吉凶悔吝, 生乎動者也. 卦爻之辭皆九·六者, 惟動則有占, 不動則無朕, 雖『易』亦不能占之. 『國語』謂‘貞屯悔豫皆八’·‘遇泰之八’是也. 今人以『易』筮者雖不動亦用爻辭斷之, 『易』中但有九·六, 既不動則是七·八, 安得用九·六爻辭? 此流俗之過也.

『역』의 상은 9가 노양, 7이 소양, 8이 소음, 6이 노음이다. 구설은 양은 나아가는 것으로 늙음을 삼고 음은 물러나는 것으로 늙음을 삼는다. 9와 6은 건과 곤의 획으로 양은 음을 겸할 수 있지만 음은 양을 겸할 수 없다. 이는 모두 의미상 그렇게 배열한 것이지 실제가 그런 것은 아니다. 9, 6, 7, 8의 수와 양은 순하고 음은 거스르는 이치는 모두 유래가 있는 것이니 자연스럽게 얻어진 것이지 의도적으로 배열한 것은 아니다. 무릇 남은 수를 귀속하는 때에도 많은 수가 있고 적은 수가 있으니, 많은 수는 음이 되는데 짝으로 된 효爻(곧 음효)와 같다. 적은 수는 양이 되는데 홀수로 된 효와 같다. 세 번 적은 수가 나오면 건乾이므로 노양이라 한다. 9로 세어(약분하여) 얻으므로 그 수가 9이며, 책수는 36이다. 두 번 많은 수 한 번 적은 수가 나오면 한번의 적은 수가 그것의 주인이 되어 진震·감坎·간艮이 되므로 모두 소양이라 하는데【적은 수가 초효에 있으면 진震이고, 중효에 있으면 감坎이고 끝 효에 있으면 간艮이다.】, 모두 7로 세어(약분하여) 얻으므로 그 수가 7이며 그 책수는 28이다. 세 번 많은 수가 나오면 곤坤이므로 노음이라 한다. 6으로 세어(약분하여) 얻으므로 그 수가 6이며, 그 책수는 24이다. 두 번 적은 수와 한 번 많은 수가 나오면 한 번 많은 수가 그것의 주인이 되어 손巽·리離·태兌이 되므로 모두 소음이라 하는데【많은 수가 초효에 있으면 손巽이고, 가운데 효에 있으면 리離이고 끝 효에 있으면 태兌이다.】, 모두 8로 세어(약분하여) 얻으므로 그 수가 8이며, 그 책수는 32이다. 차면 변하니【순수하게 적은 수는 양이 찬 것이고, 순수하게 많은 것은 음이 찬 것이다.】 찬 것은 늙은 것이 되므로 늙은 것은 움직이고 어린 것은 조용하다. 길흉회린은 움직임에서 생겨난다. 괘효사가 모두 9와 6은 오직 움직이므로 점이 있지만, 움직임이 없다면 조짐이 없으므로 비록 『역』이라도 점칠 수 없다고 한다. 『국어國語』에서 '정둔회예개팔貞屯悔豫皆八'·'우태지팔遇泰之八'이라 한 것이 이것이다. 요즘 사람 가운데 『역』으로 점치는 사람들은 비록 움직임이 없더라도 효사를 써서 판단하니, 『역』 가운데 다만 9·6만 있고, 이미 움직임이 없다면 7·8인데 어찌 9와 6의 효사를 쓸 수 있겠는가? 이는 세속적인 것이 지나친 것이다.

諸家揲蓍說惟『筆談』此論簡而盡. 但謂不動則『易』不能占與引『國語』之說爲誤爾.

여러 학자들의 설시에 대한 설은 『필담』의 이 논의가 간단하고 완전하다.* 다만 움직임이 없다면 『역』이라도 점칠 수 없다는 말과 『국어』를 인용한 설은 잘못이라는 말이다.

---

*필담차론간이진筆談此論簡而盡: "필담의 이 설은 소씨의 설과 같으나 위삼위사圍三圍四 등의 뜻에서 발명한 것이 없는데 지금 '이 논의만이 간단하고 완전하다'고 한 것은 의심스럽다."(『절보』)

記嵩山晁氏*卦爻彖象說

숭산 조열지의 괘효단상설을 기록함

*이 글은 조열지晁說之의 『경우생집景迂生集』 권8, 「후기後記·제고주역후題古周易後」(사고전서본)에 있는 조설지의 글을 기록하고 거기에 주희 자신의 의견을 달아놓은 것이다. 『주희집』에는 『시괘고오』의 바로 앞에 놓여 있으나 편의상 이곳으로 옮겨 싣는다.

*조설지晁說之(1059-1129): 송宋나라 제주濟州 거야巨野 사람. 자는 이도以道 또는 백이伯以이며, 자호로 경우생景迂生이라 하였다. 신종神宗 원풍 5년 진사가 되었으며, 문장이 좋아 소식蘇軾의 추천을 받았다. 철종哲宗 원부元符 3년 무극현無極縣의 지사가 되어 왕안석王安石을 배척하는 상소를 올렸다. 만년엔 불교를 신봉하였다. 5경에 밝았는데 특히 『역』에 정통하였다.

*상자 속 음영처리된 글은 조설지의 원문이고, 나머지는 주희의 주석이다.

漢「藝文志」, "『易經』十二篇, 施·孟·梁丘三家." 顏師古曰, "上·下經及十翼, 故十二篇." 是則「彖」·「象」·「文言」·「繫辭」始附卦爻, 而傳於漢歟! 先儒謂'費直專以「彖」·「象」·「文言」參解『易』爻, 以「彖」·「象」·「文言」雜入卦中'者, 自費氏始. 其初費氏不列學官, 惟行民間. 至漢末, 陳元·鄭康成之徒, 學費氏, 古十二篇之易遂亡. 孔穎達又謂'輔嗣之意「象」本釋經, 宜相附近, 分爻之象辭各附當爻', 則費氏初變亂古制時, 猶若今乾卦「彖」·「象」繫卦之末歟. 古經始變於費氏, 而卒大亂於王弼, 惜哉!

『한서漢書』 「예문지藝文志」에서 "『역경易經』 12편은 시수施讐와 맹희孟喜, 양구하梁丘賀 이 세 학자의 주석이 있다"* 고 하였다. 이에 대해 안사고顏師古는 주에서 "상·하경 및 10익이므로 12편이다"고 하였다. 그렇다면 「단彖」·「상象」·「문언文言」·「계사繫辭」가 처음에는 괘효 뒤에 부록처럼 붙어서 한漢나라에 전해졌던 것이리라! 선유는 비직費直이 「단」·「상」·「문언」만을 참고하여 『역』의 효를 해설하였다고 하였으니, 「단」·「상」·「문언」을 괘 가운데 섞여 들어가게 한 것은 비직으로부터 시작된 것이다. 처음에 비직의 『역』은 학관學官에 채택되지 못하고 민간에서만 통용되었다. 후한 말엽에 와서 진원陳元과 정강성鄭康成 등이 비직의 『역』을 배우게 되자 12편의 체제로 된 『고역古易』이 드디어 무너졌다. 공영달孔穎達은 또 '보사輔嗣(王弼)가 「상象」이 본디 경문을 해석한 것이므로 마땅히 서로 가까이 붙여야 한다고 생각하여 효의 상사를 나누어 각각 해당 효에 붙였다'고 하였으니, 비직이 처음에 옛 체제를 어지러이 바꿔놓았을 때 오히려 지금의 건괘 「단」·「상」이 괘의 끝에 매달려있는 것과 같았으리라. 고경이 처음에 비직에게서 변화되어 마침내 왕필에게서 크게 어지럽혀졌으니 애석하구나!

---

*『한서漢書』 권30, 「예문지藝文志」 제10(북경: 중화서국), 1703쪽.

熹按, 『正義』曰, "夫子所作象辭元在六爻經辭之後, 以自卑退不敢干亂先聖正經之辭. 及王輔嗣之意, 以爲「象」者本釋經文, 宜相附近, 其義易了, 故分爻之象辭各附其當爻下言之." 此晁氏所引以證王弼分合經傳者, 然其言'夫子作象辭, 元在六爻經辭之後', 則孔氏亦初不見十二篇之易矣. 又不於「彖」及「大象」發之, 似亦有所未盡.

희가 살피건대, 『정의』에서 "공자가 지은 상사象辭가 원래 여섯 효의 경사經辭 뒤에 있었던 것은 스스로 낮추고 물러나 감히 선대 성현의 정경의 말을 끼어들어 어지럽히지 않기 위해서였다. 그런데 왕필에 와서 「상」이라는 것이 본디 경문을 해석하는 것이므로 마땅히 서로 가까이 붙여야 그 뜻이 쉽게 이해된다고 생각하여, 효의 상사象辭를 나누어 각각 해당 효 아래에 붙여서 말하였다"고 하였다. 그런데 이것은 조열지가 인용하여 왕필이 경經과 전傳을 분류한 뒤에 합쳤다는 것을 증명한 말이지만, 공영달이 '공자가 지은 상사가 원래 여섯 효의 경사經辭 뒤에 있었다'고 하였으니, 공영달도 처음부터 12편으로 된 『고역古易』을 보지는 못한 것이다. 또한 「단彖」 및 「대상大象」을 언급하지 못하였으니 또한 미진한 점이 있는 것 같다.

奈何後之儒生尤而效之! 杜預分左氏傳於經, 宋衷·范望輩散「太玄贊」與「測」於八十一首之下, 是其明比也. 揆觀其初, 乃如古文『尚書』司馬遷·班固序傳, 揚雄『法言』序篇云爾. 今民間『法言』列序篇於其篇首, 與學官書不同, 概可見也. 唐李鼎祚又取「序卦」冠之卦首, 則又效小王之過也. 劉牧云, "「小象」獨乾不係于爻辭, 尊君也." 石守道亦曰, "孔子作「彖」·「象」於六爻之前, 「小象」係逐爻之下, 惟乾悉屬之於後者, 讓也." 嗚呼! 他人尚何責哉!

어찌하랴, 훗날의 유생들이 더욱 그것을 본받은 것을! 두예가 좌씨의 전문을 경문에 분속하였고, 송충宋衷과 범망范望 등이 「태현찬」과 「측測」을 『태현경』 경문 81수의 아래에 분산시켰으니 이것이 그 명백한 예이다. 그 기원을 살펴보면 고문 『상서』에 대한 사마천과 반고의 서문과 전문, 양웅 『법언』의 서편 등과 같은 것이다. 지금 민간의 『법언』은 그 편 머리에 서편을 배열하여 학관의 책과는 같지 않음을 대체로 알 수가 있다. 당 이정조도 「서괘」를 취하여 괘 앞에 두었으니 또한 왕필의 잘못을 따른 것이다. 유목劉牧은 "「소상전」 가운데 건괘의 경우만 효사에 달지 않은 것은 임금을 높인 것이다"고 하였고, 석수도石守道도 "공자가 「단」·「상」을 지어 여섯 효 앞에 달고, 「소상小象」은 효마다 그 아래에 달았는데 오직 건乾괘만은 모두 뒤에 그것을 붙인 것은 겸양한 것이다"고 하였다. 아, 다른 사람들이야 탓해 무엇하랴!

喜按,『詩』疏云, “漢初爲傳訓者, 皆與經別行, 三傳之文不與經連, 故石經書『公羊傳』皆無經文, 而「藝文志」所載『毛詩故訓傳』亦與經別. 及馬融爲『周禮注』, 乃云欲省學者兩讀, 故具載本文而就經爲注. 據此, 則古之經傳本皆自爲一書, 故高貴鄉公所謂「彖」·「象」不連經文者, 十二卷之古經傳也. 所謂注連之者, 鄭氏之注具載本經, 而附以「彖」·「象」, 如馬融之『周禮』也. 晁氏於此固不如呂氏之有據, 然呂氏於乾卦經傳之次第所以與他卦不同者, 則無說焉. 愚恐晁氏所謂初亂古制時猶若今之乾卦而卒大亂於一王弼者, 似亦未可盡廢也. 因竊記于此云云.

희가 살피건대,『시詩』의 소疏에서 “한초에는 전훈傳訓한 것들이 모두 경문과는 별도로 유행하였는데 3전傳의 문장이 경문과 연결되지 않았으므로 석경石經에 쓰여진『공양전』이 모두 경문이 없고,「예문지」에 실린『모시고훈전』도 경문과 별도로 되어 있다. 마융에 와서『주례주』를 지으면서 분명하게 배우고자 하는 사람이라면 둘 다 읽어야 한다고 하였으므로 본문을 모두 싣고서 경문에 나아가 주를 달았다. 이에 따르면 옛날의 경전經傳은 본디 모두 그 자체로 한 권의 책이다. 그러므로 고귀향공高貴鄕公*이 말한「단」·「상」이 경문에 연결되어 있지 않다는 것은 12권짜리 옛 경전이다. 이른바 그것에 주처럼 연결하였다는 것은 정현의 주가 본경을 모두 싣고서「단」·「상」을 덧붙였다는 것이니 마융의『주례』와 같다. 조설지가 여기에서 실로 여씨의 근거만 못하지만 여씨는 건괘 경전의 순서에 있어 다른 괘와 다른 까닭에 대해서는 아무런 설명이 없다. 내 생각에 조설지가 말한 ‘처음 옛 체제를 어지럽혔을 때 오히려 지금의 건乾괘와 같았으나 왕필에 와서 마침내 크게 어지럽혀졌다는 말은 완전히 폐기할 수는 없을 것 같다. 따라서 여기에 삼가 기록하여 둔다.

*조모曹髦(241-260)는 중국 삼국시대 위魏나라의 제4대 황제(재위: 254-260)이다. 조비曹丕의 손자이고, 조예曹叡의 이복 동생인 동해정왕東海定王 조림曹霖의 아들이며, 자는 언사彦士이다. 황제가 되기 전에는 담현郯縣 고귀향공高貴鄉公이었고, 시해되어 시호가 없다.

丁若鏞의

蓍卦傳

(새롭게 구성한) 시괘에 관한 주석

●

『易』, 所以筮也, 然其所爲布筴求卦之法, 未有傳者. 唯「繫辭上傳」有一二策, 說其義者, 猶可以領其大體. 故朱子曰, "揲蓍之法, 『周禮』領於太卜, 其法必甚詳密, 今不可見, 獨賴「大傳」有此數句, 可以略見彷佛. 而今推之, 亦無不可通."【又云, "「繫辭」言蓍法, 大抵只是解其大略, 今不可見. 但如'分而爲二', 是本文, '以象兩', 是孔子解文也."】 今取「大傳」蓍卦之文, 別爲表章, 略加疏釋. 顧自兩漢以來, 緯書大興, 謬義公行, 承訛習誤, 迄至于今. 若其有乖於周公·孔子之義者, 不敢不辨.

『역』은 점치는 책이지만 점대를 펼쳐서 괘를 구하는 방법은 전해지지 않는다. 오직 「계사상전」에 한두 방책이 있을 뿐이지만 그 뜻을 말하는 사람은 오히려 그 대체를 깨달을 만하였다. 그러므로 주자가 "시초를 세는 법은 『주례』에 따르면 태복에게 맡겼는데 그 법이 매우 자세하고 치밀하였을 것이나 오늘날에는 알 수가 없고 다만 「대전」(계사전)의 이 몇 구절에 의지하여 대략 비슷하게 살필 수가 있을 뿐이다. 그러나 오늘날 이것을 따라 해도 통하지 못할 것이 없다"고 하였다.【또 "「계사」에서 시법蓍法을 말한 것은 대체로 그 대략을 풀이하였을 뿐이라서 오늘날에는 알 수가 없다. 다만 '나뉘어 둘이 된다'와 같은 글은 본문이고 '둘을 본떴다' 같은 글은 공자의 해석이다"고 하였다.】 이제 「대전」의 시괘蓍卦에 관련된 문장을 취하여 따로 표창하고 간략하게 성긴 해석을 덧붙인다. 살피건대, 양한兩漢시대 이래로 위서緯書가 크게 일어나서 그릇된 의미가 공공연히 나돌았고, 이런 잘못된 것들을 계승하고 습득하여 마침내 오늘에 이르렀다. 만약 공자와 주공의 뜻에 어긋나는 것이 있다면 감히 가려내지 않을 수 없다.

정약용이 재편한 『시괘전蓍卦傳』은 『주역사전周易四箋』 권23에 실려 있으며, 원래 「계사상전繫辭上傳」에 있는 글이다. 정약용이 시괘법과 관련된 내용들만 따로 뽑아 별도의 한 권으로 재구성한 것이다. 윗글은 『시괘전』의 서문에 해당하는 글이다.

●: 하나의 주제를 가지고 논의된 한 문단을 나타내기 위해서 역자가 부가한 기호이다.
○: 한 문단 안에서 질문과 답변을 구별하거나, 출전을 구별하거나, 화자를 구별하는 용도로 사용된 것으로 원전에서 사용된 기호이다.

大衍之數五十, 其用四十有九.

대연의 수는 50이며, 사용하는 것은 49이다.

●

‘大衍’者, 衍卦之謂也. 六十四卦之中, 十二辟卦, 配之於四時, 中孚·小過, 配之於再閏, 餘五十卦, 周人謂之‘大衍.’ 盖謂此五十卦者, 皆受變於十四卦, 而衍之爲卦也.【法詳推移表.】 故曰, ‘大衍’, 非五十卦之外, 別有所謂‘大衍’者存焉也. 自漢以來, 大衍之說, 張皇煩惑, 千頭萬緖, 及至『關朗易傳』【僞書也.】, 乃云, “天數, 兆於一, 生於二, 成於三, 衍於五, 成於六, 偶於十.”【見第三篇大衍義.】, 而天一生水·地二生火之說, 遂爲不刊之典, 其後遂以「河圖」·「洛書」之數, 勒合之於大衍, 則衍卦五十之跡, 千載不復明矣.

‘대연大衍’은 연괘衍卦를 이른다. 64괘 가운데 12벽괘가 4시에 배당되고 중부中孚괘와 소과小過괘가 재윤再閏에 배당되니, 그 나머지 50괘를 주나라 사람들이 ‘대연大衍’이라고 부른 것이다. 이는 이 50괘가 다 14괘에서 변화를 받아들여서 확장되어 괘가 되었음을 말한다.【법이 추이표에 자세하다.】 그러므로 ‘대연’이라고 하는 것이지 50괘의 밖에 따로 ‘대연’이라는 것이 있는 게 아니다. 한나라 이래로 대연에 대한 학설이 장황하고 번거롭게 되어 천 가지 만 가지로 전개되다가『관랑역전關朗易傳』【위서이다.】에 와서 “하늘의 수는 1에서 기미가 나타나고 2에서 생겨나며 3에서 이루어지고 5에서 확장되어 6에서 완성되고 10에서 짝을 이룬다”고 말하는 지경에 이르자【제3편 대연의에 보인다.】, 하늘수 1이 물을 낳고 땅수 2가 불을 낳는다는 학설이 마침내 바꿀 수 없는 전범이 되었고, 그 뒤 마침내 「하도」와 「낙서」의 수를 억지로 대연에 결합시켰으니, 연괘 50의 자취가 천년이 지나도록 다시 밝혀지지 않았다.

○ '其用, 四十有九'者, 蓍之德, 圓以神, 七七四十九, 圓而不方, 無以半分, 無以四破, 無以六解, 無以八劈, 無以十析, 亦無以三分五破, 故特以是爲蓍筴之用數也. 然其體數, 則五十也, 五十之中, 任抽其一除之, 爲起數之本【自二三至於千萬, 其本皆[1]起於一.】, 則五十之策, 未嘗不全用也.

'사용하는 것은 49개이다'는 말은 시초의 특성이 둥글고 신묘하여, 7×7=49가 원만하여 모나지 아니하여 2로 나눌 수가 없고 4로도 깰 수가 없고 6으로도 분해할 수가 없고 8로도 자를 수가 없고 10으로도 꺾을 수가 없으며, 또한 3과 5로도 나누어 분해할 수 없으므로 특별히 이것으로서 시책蓍筴에 사용하는 수로 삼은 것이다. 그러나 그 본체의 수는 50이니 50의 가운데 임의로 1개를 뽑아버리어서 수를 일으키는 근본으로 삼았으니【2, 3으로부터 천, 만에 이르지만 그 근본은 다 1에서 시작된다.】 50개의 책策이 일찍이 다 사용된 적이 없었다.

○ 或曰, "除其一而不用者, 是太極之象乎?" 曰, "太極者, 天地水火之胚胎也. 天地水火, 於是乎, 包含無漏矣. 今五十策而除其一, 僅得五十分之一, 烏足以當太極哉! 是以, 爲起數之本耳. 筮主於數."【『關朗易傳』亦云, "天數, 兆於一."】

어떤 사람이 물었다. "그중 1개를 제거하여 사용하지 않는

1) 【교감】 皆: 규장본(규장각필사본)에는 '乃'로 되어 있으나 신조본(신조선사본)에 따른다.

것은 태극의 상입니까?" 대답하였다. "태극은 하늘과 땅과 물과 불의 배태胚胎다. 하늘과 땅과 물과 불이 여기에 싸고 머금어져 빠트려진 것이 없다. 이제 50개의 점대에서 그 1개를 제거하면 겨우 1/50을 얻는 것이니 어찌 태극을 감당하기에 족하겠는가! 그러므로 수를 일으키는 근본일 뿐이다. 점치는 일은 수를 위주로 한다." 【『관랑역전』에서도 "하늘의 수가 1에서 기미를 나타낸다"고 하였다.】

分而爲二, 以象兩.

갈라 두 뭉치로 만들어서 2를 상징하였다.

●

朱子曰, “兩, 謂天地也”【『本義』云.】, “四十有九, 信手中分, 各置一手, 以象兩.”【『啓蒙』云.】 四十九策, 信手中分, 則其一必成奇數, 其一必成偶數.【假如一手得十九, 則其一手必得三十.】 奇者, 天數也, 偶者, 地數也. 胡玉齋【名方平.】, 謂左手象天, 右手象地, 非矣. 豈左手必得奇數, 而右手必得偶數乎? 其說非矣.

주자가 “2는 하늘과 땅을 이른다”고 하고【『본의』의 말이다.】, “49개를 손이 움직이는 대로 갈라서 각각 한 손에 놓아 2를 상징한다”고 하였다.【『역학계몽』의 말이다.】 49개의 점대를 손이 가는 대로 가르면 그중 하나는 반드시 홀수가 되고 나머지 하나는 반드시 짝수가 된다.【예를 들어, 한 손에 19개를 얻으면 다른 한 손에는 반드시 30개를 얻는다.】 홀수는 하늘의 수이고, 짝수는 땅의 수이다. 옥재玉齋 호씨가【이름은 방평이다.】 왼손의 것은 하늘을 상징하고 오른손의 것은 땅은 상징한다고 하였는데 틀린 말이다. 어찌 왼손의 것이 반드시 홀수가 되고 오른손의 것이 반드시 짝수가 될 수 있겠는가! 그 주장은 틀린 것이다.

掛一, 以象三.

1개를 걸어서 3을 상징하였다.

●

'掛'[2]者, 掛之於韇帶之間也.【韇者, 五十策所藏之櫝.】 象兩之策既分【分置筮席之左右.】, 就其陰策【得偶數之策.】之中, 任抽其一【信手取.】, 掛之於韇帶之間也.【帶, 所以繫韇.】 謂之'掛'者, 卦由此成, 故其文從卦【字從手, 從卦.】, 與揲扐二字, 逈然不同. 五十策之中, 此爲結卦之實【如華之結實.】, 策之不入於掛一者, 非所以成卦也. 然此番之掛, 仍是權掛【姑掛之.】, 非正掛也.【說見下.】

'건다'는 것은 점대함과 띠 사이에 거는 것이다.【독韇은 50개의 점대를 보관하는 함이다.】 2를 상징하는 점대를 이미 갈라놓고 나서【점치는 자리의 왼쪽과 오른쪽에 나누어 놓는다.】 그중 음책陰策 안에서【짝수를 얻은 점대들이다.】 임의로 1개를 뽑아서【손이 가는 대로 취한다.】 함과 띠 사이에 건다.【띠는 함을 묶고 있는 것이다.】 이른바 '괘掛'라고 한 것은 괘가 이로부터 이루어지므로 그 모양이 괘卦자를 따른 것이니【글자가 수手자와 괘卦자를 따른다.】 센다는 뜻의 '설揲'자나 낀다는 뜻의 '륵扐'자와는 결코 같지 않다. 50개의 점대 가운데 이것이 괘의 결실結實이 되니【마치 꽃의 결실과 같다.】 점대 가운데 걸어놓는 1개에 들어가지 않는 것은 괘를 이루는 것이 아니다. 그러나 이번에 거는 것은 여전히 임시로 거는 것이지【잠시 동안 걸어놓는다.】 정도로 거는 것이 아니다.【설이 아래에 보인다.】

○ 朱子曰, "三, 三才也."【天地人也. 『本義』云.】 陽策以象天【奇數者.】, 陰策以象地【偶數者.】, 掛一之策, 以象人.【掛之於天策地策之間.】 其必一策者, 筮之所主者, 一人也.【雖兆民之事, 所主者, 君一人.】

---

2) 【교감】 掛: 신조본에 '推'로 되어 있으나, 규장본에 의거하여 '掛'로 고친다.

주자가 "3은 3재才를 가리킨다"고 하였으니【하늘과 땅과 사람이다. 『본의』.】, 양책陽策으로서 하늘을 상징하고【홀수의 점대들이다.】 음책陰策으로서 땅을 상징하고【짝수의 점대들이다.】 걸어놓은 1개의 점대로서 사람을 상징한다.【천책天策과 지책地策 사이에 걸어놓는다.】 이때 반드시 1개의 점대를 쓰는 이유는 점치는 일을 주관하는 것이 1명의 사람이기 때문이다.【비록 백성의 일을 점치더라도 주관하는 사람은 임금 한 사람이다.】

○ 朱子謂掛右手之一策, 亦取一於陰策之意也.【今不問左右手, 唯陰策是取.】 其必取之於陰策之中者, 聖人之道, 抑陰而扶陽, 欲使天地之間, 陽常爲主, 而陰來聽命. 故兩儀之策旣立, 卽令陰策又變爲奇數【取一策.】, 兩奇旣立【謂取一之後.】, 合成一偶【兩奇, 卽一偶.】, 則天地陰陽之數, 實未嘗有所偏勝也.

주자가 오른손의 점대 1개를 걸어놓는다고 말한 것도 음책陰策에서 1개를 취한다는 뜻이다.【이제 왼손 오른손을 가리지 않고 오직 음책에서 취한다.】 이때 반드시 음책 속에서 취하는 것은 성인의 도가 음을 누르고 양을 부추겨서 하늘과 땅의 사이에 양이 언제나 주인이 되고 음이 와서 명령을 듣게 하고자 하였기 때문이다. 그러므로 양의兩儀의 점대가 세워지고 나면 바로 음책으로 하여금 또다시 홀수로 변하게 하고【점대 1개를 취한다.】, 2개의 홀수가 만들어지고 나면【1개를 취한 뒤를 가리킨다.】 한 짝으로 결합시키니【2개의 홀수가 곧 한 짝이 된다.】 천지음양의 수는 실로 일찍이 한쪽만 이긴 적이 없다.

○ 掛一之法, 若不依此, 則'歸奇於扐'一節, 不可通.【義見下.】

何者? 所分陰策之數, 若爲二十四【四六也.】, 或爲二十【四五也.】, 或爲十六【四四也.】, 或爲十二【三四也.】, 則揲之而四【法見下.】, 無復零奇之可落也, 何以再扐哉!

1개를 걸어놓는 법이 만약 이에 따르지 않는다면 '귀기어륵歸奇於扐' 1절은 통할 수가 없다.【뜻이 아래에 보인다.】 어째서인가? 나누어진 음책의 수가 만약 24가 되거나【4×6.】 또는 20【4×5.】, 16【4×4.】, 12【3×4.】가 되면 4로 약분되어【법이 아래에 보인다.】 다시 우수리가 홀수로 떨어질 수 없으니 어떻게 다시 손가락 사이에 끼울 수 있겠는가!

○ 「士冠禮」云, "筮人執筴, 抽上韇[3], 兼執之."【鄭玄云, "韇, 藏筴之器也. 今藏弓矢者, 謂之韇丸也."】「少牢禮」云, "史, 左執筮, 右抽上韇, 兼與筮執之."【筮者, 蓍策也.】, 旣受命, "史, 抽下[4]韇, 左執筮【句】, 右兼執韇[5]【句】, 以擊筮."【鄭玄云, "擊之, 以動其神."】 旣述命, "乃釋韇, 立筮."【士坐筮.】, 旣占, "史, 韇筮."【兼執卦.】 賈公彦曰: "韇有二, 其一從下向上承之, 其一從上向下韜之也."【又云: "韇用皮."】 旣有二韇, 則二韇相[6]合之後, 必有聯結[7]之帶也.

---

3)【교감】韇: 사고전서본에 따르면 '독韣자'로 되어 있고 화살통 또는 점대통의 뜻이다. '독韣'자는 활집을 가리키며 화살통과는 다른 물건이다. 이곳에서 이하의 정현주와 가공언소의 '독韇자'도 다 '독韣자'로 쓰는 것이 옳다. 다산이 참고한 자료가 오자였거나 혹은 필사의 오류일 것이다.

4)【교감】下: 신조본과 규장본 다 '上'으로 되어 있으나『의례』원문에는 '下'로 되어 있다. 원문에 따라 바로잡는다.

5)【교감】韇: 신조본에는 '筴'으로 되어 있으나 규장본과 원문에 따라 바로잡는다.

6)【교감】相: 규장본에는 자리는 있으나 빠져 있다. 신조본에 따라 보충해 넣는다.

『의례儀禮』「사관례」에서 “서인筮人이 점대를 집고 위의 점대통을 당겨서 동시에 그것을 집는다”고 하였고【정현이 “독韇은 점대를 보관하는 그릇이다. 오늘날 활과 화살을 보관해 두는 곳을 독환韇丸(화살을 담아두는 그릇)이라고 한다”고 하였다.】, 「소뢰궤식지례少牢饋食之禮」에서 “사史가 왼손으로 점대를 집고 오른손으로 위의 통을 당겨서 동시에 그것을 집는다”고 하고【서筮는 시초 점대이다.】, 이미 점친 결과를 얻고 나서는 “사史가 아래의 통을 당겨서 왼손으로 점대를 집고【구.】 오른손으로 동시에 점대통를 집고서【구.】 점대를 두드린다”고 하였고【정현이 “그것을 두드리는 것은 그 신神을 움직이게 하려는 것이다”고 하였다.】 또 점친 결과를 다 말하고 나서는 “점대통을 풀어서 점대를 세운다”고 하였고【사士는 앉아서 점을 친다.】 이미 점을 마치면 “사史는 점대를 점대통에 넣는다”고 하였다.【동시에 괘를 집는다.】 가공언이 “점대통【독韇】에는 2개가 있는데, 그 하나는 아래로부터 위를 향하여 받들고 다른 하나는 위로부터 아래를 향하여 덮어 감춘다”고 하였다.【또 점대통은 가죽을 쓴다고 하였다.】 이미 2개의 점대통이 있으니 2개의 점대통을 서로 결합한 뒤에는 반드시 연결하는 띠가 있어야 한다.

○ 或曰: “掛者, 掛之於左手也, 今謂之掛於韇間, 可乎?” 曰: “掛一, 所以象人也. 人在天地之間, 若掛之於左手, 則不在乎天策地策之間矣, 其象人乎!”

어떤 사람이 물었다. “걸어놓는다는 것은 왼손에 걸어놓는다는 것인데, 이제 그것을 점대통 사이에 걸어놓는다고 하

---

7) 【교감】 結: 규장본에는 ‘絡’으로 되어 있으나 신조본에 따라 바로잡는다.

는 것이 가능한 말인가?" 대답하였다. "1개를 걸어놓아서 사람을 상징한다. 사람이 하늘과 땅 사이에 있는데, 만약 그것을 왼손에 걸어놓는다면 천책天策과 지책地策 사이에 있지 않으니 어찌 사람을 상징할 수 있겠는가!"

揲之以四, 以象四時. 【揲音舌.】

4개씩 셈함으로써 4시를 상징한다. 【揲의 음은 설이다.】

●

揲, 閱持也.【一作揲】 朱子曰, "揲, 數之也. 謂先置右手之策于一處, 而以右手四四, 而數左手之策. 又置左手之策, 于一處而以左手四四, 而數右手之策也.【出『大全』】 今擬左策右策, 皆在筮席之上【古筮必有席】, 其揲之也. 左策·右策, 皆以右手數之, 不必紛紛然交易也.

설이란 어떤 개수로 묶어서 헤아려 나가는 것이다.【설揲은 '서揲'로 적기도 한다.】 주자는 "설이란 헤아리는 것으로 먼저 오른손에 있는 시책을 한곳에 놓아두고 나서, 오른손으로 4개씩 4개씩 왼손의 시책을 헤아리며 또한 왼손에 있던 시책을 한곳에 놓아두고 나서 왼손으로 넷씩 오른손의 시책을 헤아리는 것을 말한다"고 하였다.【『주역전의대전』에 나온다.】 그런데 지금 왼손의 시책이든 오른손의 시책이든 모두 서석의 위에 놓여 있다는 점을 고려해 본다면【옛 서법에는 반드시 깔개가 있었다.】 그것들을 넷씩 헤아림에 있어 왼손의 시책이든 오른손의 시책이든 모두 오른손으로 헤아리면 되지 번거롭게 손을 바꿀 필요는 없겠다.

○ 四時者, 十二辟卦也.【自子月復卦, 以至亥月坤卦.】 大凡陰陽旣判, 而天地水火之氣, 分行於四時【天地水火, 四氣也. 以配四時.】, 故易之爲道, 以十二辟卦分配四時, 而揲蓍之法, 又象四時, 其必四四而數之者, 象歲序之遷變, 必以四時也. 今年一四時, 明年一四時, 蓍策之四四閱數, 有是象也.

사시는 12벽괘이다.【자월의 복復괘로부터 해월인 곤坤괘에 이르기까지.】

대체로 음양이 이미 갈라지고 나서 천지수화의 기운이 사시에 나뉘어 다니므로【천지수화는 4기이니, 4시에 배당된다.】, 『역』의 도는 12벽괘로 사시에 분배하고 설시의 법도 사시를 본뜨니, 그 반드시 넷씩 세어나가는 것은 세서의 변천이 반드시 사시로 함을 본뜬 것이다. 올해도 하나의 사시오 내년도 하나의 사시이니 넷씩 세어가는 것에 그러한 상이 있게 되는 것이다.

盖唯天地之間, 日月星辰之行, 山川草木鳥獸之類, 以至吾人之生養動止, 莫不隨四時而變遷. 故一部『易』全體大用, 唯在乎十二辟卦之變動往來, 而揲蓍之法, 必又象之也.

천지 사이의 일월성진의 운행과 산천초목 조수의 무리로부터 우리네 사람의 생양동지에 이르기까지 그 어느 것도 사시를 따라 변천하지 않는 것이 없다. 그러므로 『주역』의 전체대용이 오직 12벽괘의 변동왕래에 있는 것이고 설시법도 반드시 그것을 본뜨는 것이다.

○ 旣揲之後, 去其零策, 仍照舊整理, 分而爲二, 以象兩, 安置于左右原處.

이렇게 넷씩 헤아린 이후에 그 나머지 시책들을 제외하고는 다시 이전의 방법에 따라 정리하는데 즉 나누어 두 묶음으로 함에 하늘과 땅을 상징하도록 하여 좌우의 원래 자리에 잘 놓아두는 것이다.

歸奇於扐, 以象閏.

기奇를 손가락 사이에 귀속하여 윤달을 상징한다.

●

'奇'者, 陽數也. 【不偶曰, '奇'也.】 又零數曰, '奇'也. 前掛一之時, 取一於陰策之中而掛之【說見前】, 於是乎, 揲之以四, 則左策所零之數, 非一則必三也【不滿四謂之零數】, 右策所零之數, 亦非一則必三也. 【左三則右一, 右三則左一.】 既是零數, 又是陽數, 此之謂'奇'也. 【兼二義.】

'기奇'는 양의 수이다. 【짝이 없는 수를 '기奇'라 한다.】 또한 우수리를 '기奇'라고 말한다. 앞서 1개의 시초를 걸 때, 음책陰策 가운데서 1개를 취하여 걸었는데【설명이 앞에 보인다.】, 이럴 경우 4개씩 세면 왼 책의 우수리가 1이 아니면 반드시 3이 되고【4에 차지 않은 수를 우수리라고 한다.】, 오른 책의 우수리도 1이 아니면 반드시 3이 된다. 【왼쪽이 3이면 오른쪽이 1이고, 오른쪽이 3이면 왼쪽이 1이다.】 이 우수리이자 양의 수를 '기奇'라 한다. 【두 뜻을 겸한다.】

○ 朱子曰, "'扐', 勒於左手中三指之兩間也." 【『本義』云.】 '勒'者, 止住之意, 謂此零餘之策, 今姑止住於手指之間也. 盖以揲四之事雖畢, 今當整理其陰策·陽策, 以嚴象兩之本法【分置于左右原處.】, 故今姑扐住於指間也.

주자는 "'륵扐'은 왼손 가운뎃손가락의 양쪽 사이에 끼워잡는 것이다"고 했다. 【『주역본의』의 말이다.】 '륵勒'은 머물러 있게 한다는 뜻이니, 이 우수리 책을 지금 잠시 손가락 사이에 머물러 있게 함을 이른다. 넷씩 세는 일이 끝났더라도 지금 그 음책陰策과 양책陽策을 정리하여 양의를 상징하는 본래의 법을 엄정히 해야 한다.【좌우의 원래의 자리에 분리하여 둔다.】 그러므로 지금 잠시 손가락 사이에 끼워 머물러 있게 한다.

○ '閏'者, 中孚·小過二卦之謂也. 十二辟卦, 分配於十二月, 則不可無閏月. 中孚者, 大离也【兼畫之离卦.】, 離者, 日也【「說卦」云.】, 小過者, 大坎也【兼畫之坎卦.】, 坎者, 月也.【「說卦」云.】 日月之有畸贏, 而閏月以成, 此二卦所以配之於閏月也. 故揲蓍之後, 又取其四時之餘【揲以四.】零奇之數, 而歸之扐中, 以象二卦之象也.

'윤閏'은 중부中孚괘와 소과小過괘 두 괘를 이른다. 12벽괘를 열두 달에 분배하면 윤달이 없을 수 없다. 중부中孚괘는 큰 리离이니【겸획의 리离괘이다.】, 리离는 하루를 상징한다.【「설괘」의 말이다.】 소과小過괘는 큰 감坎이니【겸획의 감坎괘이다.】, 감坎은 달을 상징한다.【「설괘」의 말이다.】 하루와 한 달에 남는 시간이 있어서 윤달을 이루게 되므로, 이 두 괘가 윤달에 배정된다. 그러므로 설시揲蓍한 뒤에 또 4시의 나머지인【넷씩 센다.】 우수리 수를 취하여 손가락 사이에 귀속하여 두 괘의 상象을 상징한다.

○ 求卦之法如是者, 謂吾之所求獲者, 即六十四卦之中一卦也. 故五十衍卦之象, 必先摸擬之以爲策【五十策.】, 旣而曰'是五十卦者, 何從生乎?' 是唯十二辟之所衍也. 於是乎, 復爲揲四之法以象之【十二辟卦, 卽四時.】, 旣而曰'有四時, 豈可無閏月乎?'【「堯典」云, "以閏月, 定四時."】 於是乎, 復爲歸奇之法以象之【象中孚·小過.】, 卽此三法之中, 六十四卦之象, 悉悉俱存矣. 神明於此始可以執其象, 而指其一也. 其義雖微, 其文至著, 不宜枉生端緖以亂, 古人之成制也.

괘를 구하는 방법이 이와 같은 것은 내가 얻고자 하는 것이 바로 64괘 가운데 한 괘임을 가리킨다. 그러므로 50연괘의 상은 반드시 먼저 그것을 모사하여 책策을 만들고【50책이다.】, 그런 다음 '이 50괘는 어디에서 나왔는가?'를 묻게 되니 이것은 오직 12벽괘로부터 펼쳐진 것이다. 여기에 다시 넷씩 세는 방법을 만들어 그것을 상징하고【12벽괘가 곧 4시이다.】, 그런 다음 '4시가 있는데 어찌 윤달이 없을 수 있겠는가?'를 묻게 된다.【「요전」에서 "윤달로서 사시를 정한다"고 하였다.】 여기에 다시 기奇를 귀속하는 방법을 만들어서 그것을 상징하니【중부中孚괘와 소과小過괘를 상징한다.】, 곧 이 세 가지 방법 속에 64괘의 상이 모두 갖추어져 있는 것이다. 신명神明은 이때 비로소 그 상을 잡아 그 하나를 가리킬 수가 있다. 그 뜻이 비록 미미하지만 그 문장은 지극히 드러나니, 단서를 왜곡되게 만들어서 어지럽히지 않는 것이 옛사람들의 완성된 제도이다.

○ 後來歸奇之法, 毋論或四或二, 凡四揲之時, 最末之揲【左右策皆然.】, 謂之奇數, 而歸之扐中【凡再扐.】, 偶數豈可曰'奇數'乎?【二四皆不奇.】 二猶可矣【猶可云'零奇'.】, 四則於揲四之法, 本非零數【亦滿四.】, 豈可曰'零奇'乎? 掛一之時, 取一於陰策之中, 可謂灼然無疑矣.

이후 기奇를 귀속하는 방법은 4나 2를 막론하고 무릇 넷씩 셀 때 맨 마지막에 센 것을 【왼 책과 오른 책이 다 그러하다.】 기수奇數라 이르고 그것을 손가락 가운데 귀속하니 【무릇 두 번 손가락 사이에 끼운다.】, 우수偶數를 어찌 '기수'라고 말할 수 있겠는가? 【2와 4는 모두 홀수가 아니다.】 2는 오히려 괜찮겠으나 【우수리인 기라고 말할 수 있다.】 4는 넷씩 세는 방법에 있어 본디 우수리 수가 아니니 【4에 꽉 찬다.】 어찌 '우수리인 기'라고 말할 수 있겠는가? 괘일掛一할 때 음책 가운데서 하나를 취하니 전혀 의심할 것이 없다고 할 만하다.

五歲再閏, 故再扐而後掛.

5년에 두 번 윤달이 오므로, 두 번 손가락 사이에 끼운 뒤에 건다.

●

自今年冬至, 距後五年, 冬至其間, 每可爲六十二月, 故五歲必置再閏【此大畧.】, 易自乾坤以下, 亦六十二卦, 每以一卦當一月, 則其間不可無再閏也. 故中孚小過以應再閏也.

올 동지에서 5년 뒤의 동지까지 그 사이는 언제나 62개월이 된다고 할 수 있다. 그러므로 5년에 반드시 두 번의 윤달을 두게 된다.【물론 이는 그 대략을 말한 것이다.】『주역』도 역시 건乾괘 곤坤괘 이하가 62개의 괘이며 각각 하나의 괘는 한 달에 해당하니 그 사이에 두 번의 윤달이 없을 수 없다. 그러므로 중부中孚괘와 소과小過괘가 이 두 번의 윤달에 상응하는 것이다.

○ 再扐者, 先揲左策, 訖取其奇而扐之【或一或三者.】, 次揲右策, 訖取其奇而扐之.【或三或一者.】 再扐旣訖取已[8]揲過之兩筴【左右策.】, 整頓安置于席上.【分左右.】 次取所扐之策四枚【一與三合之得四.】, 任抽其一【信手取.】, 以爲掛一之用.【棄其三.】 於是取前所掛之一筴【揲四之前所掛者.】, 與今所抽之一筴【再扐後所抽.】, 合同摩轉【令不容私意.】, 擢其一而掛之【亦於韇帶間.】, 此之謂再扐而後掛也. 此之謂正掛也.【前所掛者, 權掛也.】 於是乎, 稽其數之幾, 何而書之於版上【卦人取筮人所掛之策, 考其數而書之.】, 如是者, 三始成一畫【此之謂三變.】, 凡一奇二偶爲陽【立陽畫.】, 一偶二奇爲陰.【立陰畫.】

재륵은 먼저 좌책을 세어 그 나머지를 취하여 끼우고【혹은 1 혹은 3.】 다음으로 우책을 세어서 그 나머지를 취하여 끼운

---

8)【교감】已: 신조본에는 '己'로 되어 있으나 바로잡는다.

다. 【혹은 3 혹은 1.】 두 번 끼우고 나서 이미 세었던 두 책 【좌우의 책策이다.】 을 자리 위에 정돈하여 잘 둔다. 【좌우로 나눈다.】 다음에 끼워둔 책 4매를 취하여 【1개와 3개이니 합하면 4개가 된다.】 그 하나를 임으로 뽑아 【손이 가는 대로 취한다.】 하나를 거는 데 쓴다. 【남은 3매는 제쳐둔다.】 여기에 전에 걸어두었던 한 책을 취하여 【설시하기 전에 걸었던 것이다.】 지금 뽑은 한 책과 【곧 두 번 손가락 사이에 끼운 이후에 뽑아둔 것이다.】 더불어 하나로 합해서 어루만지고 굴려서 【사사로운 마음이 개입되지 않도록 한다.】 하나를 뽑아 그것을 건다. 【역시 독대 사이에 걸어둔다.】 이것을 일러 재륵이후괘再扐而後掛라고 한다. 이것을 정괘正掛라 한다. 【전에 건 것은 권괘權掛이다.】 이렇게 되자 그 수가 얼마인가를 헤아려 판 위에 기록한다. 【괘인이 서인이 걸어둔 시책을 취하여 그 숫자를 살펴 기록하는 것이다.】 이와 같이 하기를 세 번 해서 한 획이 성립된다. 【이것을 삼변이라 한다.】 무릇 하나의 홀수와 두 개의 짝수는 양이 되고 【양획을 세운다.】, 하나의 짝수와 두 개의 홀수는 음이 된다. 【음획을 세운다.】

○ 再筮三筮, 並與初筮同. 【亦除其一分爲二揲以四歸其奇掛其一.】

재차 점대로서 점치는 것이나 삼차로 점대로서 점치는 것도 모두 이상의 처음 점대로서 점치는 방식과 동일하다. 【역시 그 하나를 제외하고 둘로 나누어 넷씩 헤아리고 그 나머지를 손가락 사이에 되돌려 끼고 그 하나를 내건다.】

○ 求卦之法如是者, 謂太一旣判 【分爲二.】, 天地成列 【以象[9]兩.】,

9) 【교감】 象: 신조본에는 누락되어 있으나 바로잡는다.

人處其中【掛一以象三.】, 而四時遷變【揲以四.】, 日月運行【中孚小過以成閏.】, 萬物於此, 升降往來【自十二辟爲衍卦.】, 進退消長【自復至乾, 又自姤至坤.】, 而一切喜怒哀樂成敗得失死生禍福之情之機, 莫不由是而生焉. 故聖人者, 立其象於求卦之時, 神明依其象而指之, 此其微旨妙義, 誠不可移易其一毫也.

괘를 구하는 방식이 이와 같은 것은 다음과 같은 의미이다. 최초의 혼돈 상태가 나누어짐에【분리되어 둘로 된다.】 하늘과 땅이 생겨나 늘어서고【양의를 상징한다.】 인간이 그 가운데 존재하며【하나를 걸러두는 것은 천지인 3재를 상징한다.】 춘하추동의 사시가 변천하며【4개씩 묶어 헤아리는 것이다.】 일월이 운행한다.【중부中孚괘와 소과小過괘로 윤달을 이룬다.】 만물이 이에 승강왕래하고【12벽괘에서 연괘로 변화한다.】 진퇴소장하는데【복復괘에서 건乾괘로, 또 구姤괘에서 곤坤괘로 된다.】 모든 희노애락, 성패득실, 생사화복의 정황에 기미가 이것에서 말미암아 생겨나지 않음이 없다. 그러므로 성인이 괘를 구할 때에 그와 같은 상징들을 설정하여 전지신명이 그런 상징에 의거하여 그 정황의 기미를 지시해 주십사 하였던 것이니 이런 구괘법은 성인의 은미한 취지와 신묘한 뜻으로서 진정 터럭만큼이라도 바꿀 수 없는 것이다.

○ 或曰, "後來之法, 通計掛扐之策, 以定奇偶, 而今只取掛一之策, 而稽其奇偶可乎?"

어떤 사람이 질문하였다. "후대로 전해져 오늘날까지 통용되는 방식은 걸어둔 시책과 손가락 사이에 끼워둔 시책을 통틀어 계산하여 그 기수와 우수를 판정한다. 그런데 지금은 단지 걸어둔 하나의 시책만을 취하여 그 기우를 살핀다고 하니 이것이 옳은가?"

曰, "掛也者, 卦也.【字從卦.】 所以成卦者, 掛也. 揲與扐, 非所以成卦也. 何得通計."

답하였다. "괘掛라는 것은 결국 괘卦이다.【글자가 괘卦자를 부수로 한다.】 괘卦를 성립시키는 까닭은 괘掛이며 설揲과 륵扐은 괘卦를 이루는 것이 아니다. 어찌 같이 통틀어 계산할 수 있겠는가?"

○ 又曰 "後來之法, 一變只有一掛. 故經文再扐而後掛, 釋之爲第二變之掛, 今云'權掛·正掛[10]', 可乎?"

또 질문하였다. "전래의 방법에 따르면 1변의 과정에 다만 한 번 걸어두는 절차가 있을 뿐이다. 그러므로 경문에 두 번 손가락에 끼운 이후에 걸어둔다는 말을 제2변에서 걸어두는 것으로 해석하는데 지금 권괘權掛니 정괘正掛니 운운하니 옳은 것인가?"

曰, "經文所記, 只是一變之事, 再扐是一變之內, 再扐也. 不了一變而徑論二變, 烏可乎哉. 故經文先言掛一【以象三.】, 終云再扐而後掛. 詳玩文義, 明是前掛者, 爲權掛, 而再扐之後掛者,

10)【교감】掛: 신조본에는 '卦'로 되어 있으나 문맥상 '掛'가 맞으므로, 바로잡는다.

爲正掛也."

답하였다. "경문에 기록된 것은 단지 1변의 과정뿐이니, 재륵再扐도 1변 내에서의 재륵인 것이다. 그 1변이 아직 완료되지 않았는데 건너뛰어 제2변을 논하는 것을 어찌 옳다고 하겠는가? 그러므로 경문에서 먼저 하나를 걸어둔다고 말하고 【3재를 상징하는 것이다.】 끝으로 두 번 손가락에 끼운 이후에 걸어둔다고 말하였던 것이니 글의 의미와 맥락을 자세히 음미해 보면 분명 먼저 걸어둔 것은 권괘權掛이고 두 번 손가락에 끼운 이후에 걸어두는 것은 정괘正掛인 것이다."

○ 又曰, "後來之法, 一揲之後, 卽取第一揲所餘之策【或四十四策, 或四十策.】, 復行四營之法.【程廻云.】 今於再揲三揲之時, 亦全用四十九策, 可乎?"

또 질문하였다. "전래의 방식은 일설一揲한 후에 곧 그 제1설의 나머지 시책들을 가지고 【44개나 40개 시책이 된다.】 다시 사영의 방법을 수행하는데 【정형이 이렇게 말했다.】 지금 재설再揲, 삼설三揲할 때에도 여전히 49개의 시책을 모두 사용한다고 하니 이것이 옳은가?"

曰, "孔子之言, 曰, 其用, 四十有九. 孔子之所不言, 何得刱法乎. 全用四十有九, 然後'歸奇'·'掛一', 方合經文矣."

답하였다. "공자의 말씀에 '그 사용하는 것은 49개이다'라고 하였거니와 공자도 말씀하시지 않은 것을 어찌 법식이라고 만들어낼 수 있단 말인가? 49개를 전부 사용해야만 '나머지를 돌려 손가락에 끼는 것'이나 '하나를 걸어두는 것'이 비로소 경문과 부합하게 된다."

○ 又曰, "再扐之策, 四枚也.【三與一.】 與前所掛之一策【合成五.】, 合成[11)]摩轉, 而擢取其一, 有何不可, 而必於四枚之中, 擢取其一, 又執二枚之策【前所掛一策, 後所抽又一策.】, 而擢一以掛乎?"

또 질문하였다. "재륵再扐의 책 4매와【3개와 1개.】 전에 걸어두었던 한 책을【합하면 5개가 된다.】 합하여 다섯 책을 어루만져 굴려서 그 하나를 뽑으면 어찌하여 안 되며 반드시 4매 중에서 하나를 뽑고 다시 둘을 잡고서【전에 걸었던 1과 뒤에 뽑은 1.】 하나를 뽑아 걸어야 하는가?"

曰, "前所掛一策, 是於四時之中, 抽其一者也.【在揲四之先.】 後所抽一策, 是於再閏之中, 抽其一者也.【後四枚屬閏.】 合四時再閏之策【十二辟卦, 及中孚小過.】, 而又擢其一所以摠握六十四卦之精, 而又拔其英也. 此其微旨妙義, 眞所謂絕滲漏而無病敗, 安能移易哉. 若全取五枚【前掛之一及扐策之四.】, 而合同摩轉, 則是四時之精一枚, 而再閏之精四枚也. 不亦閏月之策, 太麤太重乎."

답하였다. "전에 걸었던 1책은 4시의 가운데서 하나를 뽑은 것이고【넷으로 세기 전의 것이다.】 뒤에 하나를 뽑은 것은 재윤

11) 【교감】 成: 신조본에 同으로 되어 있으나 규장본에는 '成'으로, 국중본에는 '用'으로 되어 있다. 규장본에 의거하여 바로잡는다.

가운데서 하나를 뽑은 것이다.【뒤의 4매는 윤달에 속한다.】 4시와 재윤의 책을 합하여【12벽괘와 중부中孚괘와 소과小過괘이다.】 또 하나를 뽑음으로써 64괘의 정을 두루 잡고 다시 그 영을 뽑는 것이다. 이는 그 은미하고도 오묘한 뜻으로 실로 이른바 물 샐 틈도 없이 하여 전혀 병폐가 없다는 것이니 어찌 달리 바꿀 수 있으리오? 질문자의 말처럼 만약 5매【전에 건 1과 재륵 책 4.】를 전부 취하여 같이 합해서 어루만져 굴리면 이것은 4시의 정 1매와 재윤의 정 4매가 되니 또 재윤의 책이 너무 거칠고 너무 무겁지 않겠는가!"

天一地二天三地四天五地六天七地八天九地十.

하늘의 수는 1, 3, 5, 7, 9요, 땅의 수는 2, 4, 6, 8, 10이다.

●

此章, 舊本在第十章之首【在'其知神之所爲乎'之下】, 宋本在大衍章之上.【連下章, 在大衍節之上】

이 장은 구본(당나라 본)에 제10장의 첫부분이었는데【'기지신지소위호其知神之所爲乎'의 아래이다.】, 송본宋本에 와선 대연大衍장의 윗부분에 놓였다.【아랫장에 연접하여 대연절의 윗부분에 놓였다.】

○[12] 項平菴云【名, 安世】, "天一至[13]地十, 班固「律曆志」及衞元嵩·元包「運蓍篇」, 皆在'天數五'之上."【本姚大老說】 今按, '天數五'一節, 本在大衍章之下, 文理宜然, 而'天數五'之上, 宜戴此節, 故今次錄如右.

평암 항안세【이름이 안세安世이다.】가 "'천1'에서 '지10'까지는 반고班固의 『한서』「율력지」 및 위衞나라 원숭元嵩과 원포元包의 「운시편運蓍篇」에 모두 '천수오天數五'의 앞에 놓여있다"*【본디 요대로姚大老의 설이다.】고 하였다. 그러나 내 생각으로는 '천수오天數五' 절은 본디 대연장의 뒤에 놓여야 문리가 통하고 '천수오天數五' 절 위에 이 절이 놓여있어야 하기 때문에 이제 이 같은 차례로 기록한다.

---

*항안세項安世, 『주역완사周易玩辭』, 흠정사고전서 경부, 권13, 12

---

12) 【교감】 ○: 신조본에 윗 문장과 구별하지 않고 이어 붙였으나 의미가 구별되므로 규장본에 따라 분리한다.

13) 【교감】 至: 규장본에는 빠져 있으나 신조본에 따라 보충해 넣는다.

판. 항안세는 「율력지」와 「운시편」을 인용한 요대로姚大老의 주장에 덧붙여 주희의 역전을 근거로 '천일지이天一地二' 절을 '천수오지수오天數五地數五' 절 위에 놓았다.

●

此蓍體所著之數也. 龜不徒用, 必以荊焳灼之【焳所以然火.】, 又以契刀刻之【鑿龜而鍥之.】, 以辨其沈陽山陵【見『左傳』.】, 等一百二十之兆.【見『周禮』.】 蓍策, 亦何得以天成之質而用之乎? 故「月令」有釁筴之文, 周官有相簭之法, 斯可驗也.

이는 시책의 몸체에 새겨져 적혀 있는 숫자이다. 거북은 함부로 사용하는 것이 아니라 반드시 잡목을 이용하여 굽고【'초焳'는 불을 붙이는 도구이다.】 또 끌과 칼로 새겨서【거북등을 뚫어 새긴다.】 그 침양沈陽*과 산릉山陵*【『좌전』에 나온다.】 등 120가지의 조짐【『주례』에 나온다.】을 판별한다. 시책도 어찌 자연상태 그대로 사용할 수 있겠는가? 그러므로 『예기』「월령」에는 "점대에 피를 바른다"는 글이 있고 주관周官*에는 상서相簭의 방법이 있으니, 증거로 삼을 만하다.

---

*침양沈陽: 『좌전』 애공哀公 9년조. 물이 양기의 불을 적셔 가라앉힌다는 뜻으로 거북점을 쳤을 때 나타나는 여러 조짐 중의 하나. 이는 진晉 조앙趙鞅이 정鄭을 구원하여 송宋을 공격해도 좋은지를 알아본 거북점에 나타난 조짐이다.

*산릉山陵: 『좌전』 양공襄公 10년조. 조짐이 산의 구릉처럼 성대하다는 뜻으로 거북점을 쳤을 때 나타나는 여러 조짐 중의 하나.

「춘추관점보주」의 '양호구정지서陽虎救鄭之筮'를 참조.
*주관周官은 『주례周禮』의 다른 이름이다. 『주례周禮』 「춘관」에 '상춘상서上春相簭'라는 말이 있다.

『주례周禮』에 의하면 태복大卜(거북점을 치는 관리)이 세 가지 징조(兆)를 관장하는데, 옥조玉兆, 와조瓦兆, 원조原兆가 그것이다. 그 징조의 대체(經兆之體)는 120가지이며 그에 대한 송頌이 1200가지이다. 정현鄭玄의 주석에 따르면 송頌이 곧 요繇이다. 거북의 등껍데기를 구워서 나타나는 징조에는 각각 요사繇辭가 붙여지는데 『좌전』 양공 10년조에 기록된 "조여산릉兆如山陵, 유부출정有夫出征, 이상기웅而喪其雄(징조가 산의 구릉과 같으니, 출정하면 장수를 잃으리라)"과 같은 류가 바로 요사이다.
『좌전』에서 인용하고 있는 거북점의 요사에는 비유가 많은데 산릉山陵도 그 비유의 하나로서 조짐이 크게 드러나 성대한 것을 가리킨다. 요사는 『주역』의 효사괘사와 같이 옛사람들이 달아놓은 것으로, 거북점 치는 관리(卜人)가 제멋대로 짓는 것이 아니다. 복인卜人이 말하는 '조광兆廣'이란 거북등의 쪼개짐이 커서 징조가 크게 드러났다는 뜻으로 길하다고 하며, '조문兆璺'이란 거북등이 갈라지고 세밀하게 쪼개진 것을 뜻하며 흉하다고 한다. '웅雄'은 장수의 상으로서, 손문자는 여기에서 우리편의 장수를 잃을까 두려워한 것이나, 정강定姜은 적이 그 장수를 잃을 것이라고 생각하여 공격하게 된다.

每蓍一筴, 各刻以天地之數【'釁筴'者, 塗血於刻處.】, 刻一之筴, 五枚也, 刻二之筴, 五枚也, 三四五六七八九十, 各具五枚. 此之謂'大衍之策五十'也.

각 시책마다 하늘과 땅의 수를 새기는데【'점대에 피를 바른다'는 것은 새긴 곳에 피를 칠한다는 뜻이다.】, 1을 새긴 점대가 5개요, 2를 새긴 산대가 5개며, 3, 4, 5, 6, 7, 8, 9, 10을 새긴 것이 각각

5개이다. 이를 일러 '대연大衍의 책수가 50'이라고 한다.

苟無釁刻之數, 而用其天質, 則'揲之以四', '歸奇於扐', 不出乎一二三四之外, 五六以上, 將安用之, 而經文若是哉. 歸奇之數, 猶有出入矣. 至於掛一之策, 每掛必一【止一策.】, 未掛之前, 其一已定, 旣掛之後, 其一尙然, 三掛之後, 其一爲三. 此何待布筴揲蓍, 而後得之哉! 此所謂'沒字碑'也.

만약 흔각釁刻한 숫자 없이 그 시책 그대로를 사용한다면 '넷씩 세어서', '나머지를 손가락 사이에 끼면' 1, 2, 3, 4를 벗어나지 않을 것이니 5, 6 이상은 장차 어디에 쓰이기에 경문이 이와 같겠는가! 나머지를 한데로 귀속했을 때의 수는 오히려 드나듦이 있다. 하나를 걸어둔다고 할 때의 시책의 경우 매번 반드시 하나를 걸어두는데【오직 하나의 시책이다.】 걸기 전에 그 하나는 이미 정해진 것이지만, 이미 걸고 난 뒤에도 그 하나를 또 걸어두니 세 번 걸고 난 뒤에는 그 하나가 셋이 된다. 이 어찌 시책을 늘어놓고 셈하기를 기다린 뒤에야 얻을 수 있겠는가! 이것이 이른바 '글자 없는 비석'* 이다.

*몰자비沒字碑: 흔히 겉만 번지르르한 무지렁이를 비유한다. 우리나라에서 대표적인 몰자비는 북한산 진흥왕순수비이다. 이 순수비는 건립 후 오랫동안 사람들의 기억에서 잊혀져 무학대사無學大師의 왕심비枉尋碑 혹은 글자가 없는 소위 몰자비沒字碑로 알려져 오다가, 19세기 초 김정희金正喜가 승가사에 들렀다가 이

곳에 찾아와 이끼로 뒤덮인 비면을 닦아내고 판독함으로써 진흥왕순수비임이 알려졌다.

夫掛也者, 卦也. 結卦之實, 必此掛一【字從卦.】, 神化妙用, 都在掛一, 精英骨子, 只此掛一【字從卦.】, 乃其掛一之數, 確然前定, 則分二揲四, 皆汗漫矣. 此其蓍筴之體, 必有釁刻之跡, 亦已章章明矣. 故'再扐掛一'之下, 卽承以'天一地二'之節, 而繼言其義.

대저 건다라는 것은 괘다. 괘를 맺은 실질은 반드시 이 하나를 거는 것이니【글자가 '괘卦'자를 따른다.】 신화묘용은 모두 하나를 거는 데 있다. 정영골자精英骨子는 오직 이 하나를 거는 데 있다.【글자가 '괘卦'자를 따른다.】 이에 그 하나를 거는 수가 확연하게 앞서 정해지면 둘로 나누고 넷씩 세는 것은 모두 어지러워진다. 이것이 그 시책의 제가 반드시 피를 바르고 새기는 자취가 있고 또한 이미 드러나 밝은 것이다. 그러므로 '재륵괘일再扐掛一' 아래에 '천일지이天一地二' 절을 이어서 그 뜻을 계속 말한 것이다.

盖以掛一之策, 旣出, 始可以稽其刻而察其數也. 故於是乎明言之, 曰: '一三五七九, 是天數也, 可作陽數用; 二四六八十, 是地數也, 可作陰數用.' 是其掛一之策, 一枚之內, 明有此十數, 可得[14]之理也. 如無所刻, 何以爲五六, 何以爲七八九十乎. 眞大夢矣.

---

14)【교감】得: 신조본에 '謂'로 되어 있으나 규장본에 따라 바로잡는다.

대개 하나를 건 산대가 이미 나오면 비로소 그 새긴 것을 계고하여 그 수를 관찰할 수 있다. 그러므로 여기에서 분명히 말하기를, '1, 3, 5, 7, 9는 하늘의 수이며 양수로 쓰일 수 있고, 2, 4, 6, 8, 10은 땅의 수이며 음수로 쓰일 수 있다'고 하였다. 이는 하나를 건 산대 한 개의 안에 이 10개의 수를 얻을 수 있는 이치가 있음을 밝힌 것이다. 만약 새긴 것이 없으면 어떻게 5, 6이 되고 어떻게 7, 8, 9, 10이 되겠는가? 참으로 몽상이 아닐 수 없다.

天數五, 地數五, 五位相得, 而各有合, 天數二十有五, 地數三十. 凡天地之數, 五十有五, 此所以成變化而行鬼神也.

하늘의 수가 5개요 땅의 수가 5개이니 5개의 자리를 서로 얻어 각각 모이면 하늘의 수는 25요 땅의 수는 30이다. 무릇 하늘과 땅의 수는 55이니, 이것이 변화를 이루고 귀신을 행하는 수단이다.

●

此章, 古本直承'大衍'章之下.【宋[15]本, 冠之於大衍之上.】 蓋以掛一之策既出, 始可以稽其數.【卽上節.】 其數既書【書于版.】, 再揲·三揲, 凡三書其數【書于版.】, 其數既積【三之合.】, 合計之, 而得其總數.【假如初得一, 再得四, 三得七, 則都數爲十二.】 故於此立合計之率, 而令人按行也.

이 장은 고본엔 '대연大衍'장 아래에 바로 이어져 있었다.【송나라 본은 대연장 위에 놓았다.】 대개 하나를 걸어두는 바로 그 하나의 시책이 뽑아지고 나면 비로소 거기에 새겨진 수를 살필 수 있게 된다.【윗절을 참조하라.】 그 숫자를 쓰고 나서【서판에 쓴다.】 다시 세고(再揲) 세 번째 세어(三揲) 무릇 세 차례 그 숫자를 쓰니【서판에 쓴다.】, 그 숫자가 쌓이고 나면【셋의 합이다.】 합계하여 그 총수를 얻는다.【가령 처음에 1을 얻고 두 번째에 4를 얻고 세 번째에 7을 얻는다면 총수가 12이다.】 그러므로 여기에 합계하는 표준을 세워서 사람들로 하여금 따라서 행하게 한 것이다.

○ '五位相得'者, 謂一與六相得·二與七相得也. 而'各有合'者, 謂陽位既五, 陰位亦五, 故各有所合也.

'다섯 자리를 서로 얻는다'는 것은 1과 6이 서로를 얻고, 2와 7이 서로를 얻는 것을 이른다. '각각 모인다'는 것은 양의 자리가 5개이고 음의 자리도 5개이므로 각각 모이는 바가 있음을 이른다.

15)【교감】宋: 신조본에 '宗'으로 되어 있으나, 규장본과 국중본에는 '宋'으로 되어 있다. 이에 따라 바로잡는다.

○ 凡‘天地之數五十有五’者, 非有微妙隱奥之理, 只是示合計之法者也. 謂一畫旣成, 通計三變之時, 其參錯陰陽之數, 而合同算計之法, 一如天數五·地數五之合之爲五十有五也.

무릇 ‘하늘과 땅의 수 55’라는 것은 은미하거나 오묘한 이치가 있는 것이 아니라 다만 합계하는 법을 보인 것일 뿐이다. 이를테면 1획을 이루고 나서 3변變을 통틀어 계산했을 때 그 음양의 수를 뒤섞어서 다 같이 계산하는 법은 한결같이 하늘의 수 5개와 땅의 수 5개를 합하여 55가 된다.

○ ‘成變化’者, 謂三變之數, 並得奇數, 或並得偶數, 則其畫卽變【詳見下.】, 或奇偶參錯, 則其畫不變, 陰陽變動之法, 起於天地五數之內也.

‘변화를 이룬다’는 것은 삼변三變을 거친 수가 나란히 홀수를 얻거나 또는 나란히 짝수를 얻게 되면 그 획이 변하고【아래에 자세히 나온다.】, 또 홀짝이 뒤섞이면 그 획이 변하지 않으니, 음양 변동의 법이 하늘과 땅 각 5개의 수 안에서 일어난다는 것을 말한다.

○ ‘行鬼神’者, 謂蓍策屢揲, 象數屢移, 則鬼神得以操其權【操蓍策, 多少之權.】, 而竟指其所宜得之卦所宜得之爻也. 謂使鬼神得行其志也. 漢儒誤解此文, 謂可以奪造化而役鬼神. 於是, 納甲·飛伏之說作, 而讖緯·邪誕·九宮·風角之術, 莫不藉口於聖經, 可勝歎哉.

'귀신을 행한다'는 것은 시책을 여러 번 세고 상수가 여러 번 이동하면 귀신이 그 저울을 부릴 수가 있어서【시책을 잡는 것이 얼마간의 권력이다.】 마침내 그 얻어야 하는 괘와 얻어야 하는 효를 지시할 수 있다는 것이다. 이를테면 귀신으로 하여금 그 뜻을 행하게 할 수 있다. 한나라 유자들은 이 글을 오해하여 조화를 빼앗아 귀신을 부릴 수 있다고 말했다. 여기에서 납갑納甲과 비복飛伏의 설이 만들어졌고, 참위讖緯, 사탄邪誕, 구궁九宮, 풍각風角의 술수가 성경聖經에 구실을 대지 않는 것이 없었으니 개탄할 일이다.

●

自漢以來, 疏釋此經者, 不出於水火生成之說, 而却與大衍之數混之爲一. 夫大衍之數, 明明是五十也. 天地之數, 明明是五十有五也. 彼乃蓍策之體數【策五十.】, 此乃蓍策之用數.【刻於蓍策, 以爲用.】 經文赫然昭如日星, 乃鄭康成者[16], 首倡拗戾之論, 以五十有五天地之數, 勒合之於單五十大衍之數, 旣又指此天地之數曰, 此大衍數也. 其言曰, '五行氣幷, 故減五.'【鄭玄云.】 此鄭故爲喑啞之言, 以自欺而欺人也.【或云, '生數止五, 成數止十, 故只用[17]五十.】 指鹿爲馬, 以愚黔首, 而人莫之悟, 不亦異哉.

한나라 이래로 이 경을 주석한 것들이 수화생성水火生成의 설에서 벗어나지 않았고 도리어 대연의 수와 섞어서 하나가 되게 하였다. 대저 대연의 수는 결단코 50이다. 천지의 수는

16)【교감】者: 규장본에는 없다.
17)【교감】用: 신조본에 '角'으로 되어 있으나 규장본에 따라 바로잡는다.

결단코 55이다. 저것은 시책의 갯수이며【책수가 50개이다.】 이것은 곧 시책을 운용하는 수이다.【시책에 새겨서 사용한다.】 경문은 해와 별처럼 분명한데 정강성이 먼저 이치에 닿지 않은 설을 주장하며 55인 천지의 수를 억지로 단지 50일 뿐인 대연의 수에 끼워 맞추었는데 이미 이것이 천지의 수라고 지목해 놓고는 이것이 대연의 수라고 하였다. 그가 말하기를 "오행의 기운은 두 개씩 아우르니 5을 뺀다"고 하였다.【정현이 말했다.】 이런 설은 정현이 공연히 되지도 않는 말을 하여 자신을 속이고 남도 속인 것이다.【혹자는 생수는 5에서 성수는 10에서 극에 달해 끝나므로 다만 50을 적용하는 것이라 하기도 하였다.*】 사슴을 가리켜 말이라고 하며 모르는 사람들을 우롱하는데 사람들이 그것을 깨닫지 못하니 또한 괴이하지 않은가?

* '혹운或云'이라고 정약용이 얼버무리고 있지만 이는 주자의 설이다. 『주자어류』, 「역易 · 상계하上繫下」, "오시생수지극五是生水之極, 십시성수지극十是成數之極, 이오승십以五乘十, 역시오십亦是五十, 차일설야此一說也."

●

一揲一變【陰陽參錯謂之變.】, 凡三變而一畫立【陰多則爲陽畫, 陽多則爲陰畫.】, 三變一畫, 凡六畫而一卦成【十有八變而成卦.】, 而此六畫, 皆以陰陽參錯而成【假如初揲得一, 再揲得四, 又揲得六, 而爲奇畫者, 是參錯而成也.】, 則其卦不變.【無之卦.】 若其六畫之內, 或有純畫【純陰或18)純陽.】, 則其卦卽變【假如屯之初九, 其在三揲之時, 俱得奇數則屯卦, 卽變爲屯之比.】, 一畫純者, 本畫卽變【屯初九純陽, 則初九變.】, 不用再勞, 便可韇筴而占之【不復用.】, 其或二三畫, 皆純或四五畫, 皆純者再將求變之策【詳下章19).】, 以求一爻之變【一卦只變其一爻.】, 此萬一千五百二十策之所以設也.

4개씩 한 차례 헤아려 1변을 함에【음양이 뒤섞이니 변이라 한다.】 모두 3변을 하면 한 획이 성립하고【음수가 많으면 양획이 되고 양이 많으면 음획이 된다.】 3변하여 한 획이 성립함에 모두 6획으로 한 개의 괘가 성립한다.【즉 18변하여 하나의 중괘가 성립한다.】 그런데 이 6개 획이 모두 음양이 뒤섞여 성립된 것이라면【가령 처음 시책을 헤아려 1을 얻고 두 번째로 헤아려 4을 얻고 또 헤아려 6을 얻어서 결국 3-2-2로 7이 되어 양획이 된 경우는 뒤섞여 이루어진 것이다.】 그 괘는 변하지 않는다.【지괘가 없다.】 만약 그 6개 획 안에 순획이 하나 있다면【순음이나 순양이다.】 그 괘는 바로 변한다.【가령 준屯괘 초9로 3차례 시책을 헤아렸을 때 모두 홀수를 얻었다면 준屯괘가 곧 변하여 '준지비'가 된다.】 이렇게 한 획이 순인 경우는 그 해당 획이 곧 변하여【예컨대 준屯괘 초9가 순양이면 그 초9가 음으로 변한다.】 다시 수고할 필요가 없이 바로 독책만으로도 점을 칠 수가 있다.【다시 만수의 죽책을 운용하지 않는다.】 만약에 두세 개의 획이 순획이거나 혹은 네 다섯 개의 획이 순획인 경우에는 다시 변효를 구하는 죽책으로【자세한 것은 다음 장에서 설명한다.】 한 개의 변효를 구하게 되니【한 괘에서 단지 그 한 개의 효만 변하게 된다.】 이것이 바로 11,520개의 죽책을 만들어 둔 까닭이다.

---

18) 【교감】 或: 규장본에는 '而'로 되어 있다.
19) 【교감】 下章: 규장본에는 '見下'로 되어 있다.

●

純陽之謂之九, 何也. 蓍策之數, 參天【凡天數, 皆謂之三.】兩地【凡地數, 皆謂之二.】, 以爲法.【見「說卦」.】 三揲之所掛一者, 皆得刻奇之策, 則是得天數者三也. 天數皆三【參天故.】, 三三非九乎?【純則三.】 純陰之謂之六, 何也. 三揲之所掛一者, 皆得刻偶之策, 則是得地數者三也. 地數, 皆二【兩地故.】, 二三, 非六乎?【純則三.】

순수한 양을 9라 하는 것은 어째서인가? 시책의 수는 하늘=3【하늘의 수는 모두 3이라 일컫는다.】 땅=2【땅의 수는 모두 2라 이르다.】를 법칙으로 삼는다.【「설괘」에 보인다.】 세 차례 세었을 때 하나를 걸어둔 그 시책이 모두 홀수가 새겨진 시책이라면 하늘의 수를 얻은 것이 3개인 것이다. 하늘의 수는 모두 3이니【하늘은 3이기 때문이다.】 3×3이 9가 아니겠는가?【순수한 것이 3개이다.】 순수한 음을 6이라 하는 것은 어째서인가? 세 차례 세었을 때 하나를 걸어둔 그 시책이 모두 짝수가 새겨진 시책이라면 땅의 수를 얻은 것이 3개인 것이다. 땅의 수는 모두 2이니【땅은 2이기 때문이다.】 2×3이 6이 아니겠는가?【순수한 것이 3개이다.】

○ 雜陽者, 少陽也. 少陽之謂之七, 何也? 三揲之所掛一者, 再得地數之策【刻偶者.】, 一得天數之策【刻奇者.】, 參天兩地, 其數非七乎?【二二三.】 雜陰者, 少陰也. 少陰之謂之八, 何也? 三揲之所掛一者, 再得天數之策【一三五七九.】, 一得地數之策【二四六八十.】, 參天兩地, 其數非八乎?【三三二.】

잡스런 양은 어린 양陽이다. 어린 양을 7이라 하는 것은 어째서인가? 세 차례 세면서 하나를 걸어두었던 그 시책이 두 번은 땅수의 시책이 나오고 【짝수가 새겨진 것이다.】 한 번은 하늘수의 시책이 나오면 【홀수가 새겨진 것이다.】 하늘은 3이고 땅은 2이므로 그 수가 7이 아니겠는가? 【2-2-3】 잡스런 음은 어린 음陰이다. 어린 음을 8이라 하는 것은 어째서인가? 세 차례 세면서 하나를 걸어두었던 그 시책이 두 번은 하늘수의 시책이 나오고 【1, 3, 5, 7, 9】 한 번은 땅수의 시책이 나오면 【2, 4, 6, 8, 10】 하늘은 3이고 땅은 2이므로 그 수가 8이 아니겠는가? 【3-3-2】

○ 天數之必以參, 而地數之必以兩, 何也? 卦之一畫, 可作三段看, 試論陰畫--, 其左右二片, 各占一段 【占三分之二.】, 其中央一段, 虛而不用, 豈非只得其二段者乎. 陽畫, 則全得其三段矣. 假令黃金三斤 【一[20]段當一斤.】, 則陽畫全得三斤, 陰畫[21]只得二斤, 其數之參天而兩地, 不亦宜乎.

하늘수를 반드시 3으로 하고 땅수를 반드시 2로 하는 것은 어째서인가? 괘의 한 획은 세 뭉치로 볼 수 있는데 시험삼아 음획 --을 논해 보자면 좌우의 두 뭉치가 각각 한 뭉치를 점유하고 있고 【⅔를 점유한다.】 그 가운데의 한 뭉치는 비어 쓰이지 않으니 어찌 다만 그 두 뭉치만을 얻는 것이 아니겠는가! 양획은 그 세 뭉치를 온전히 얻는다. 가령 황금

20) 【교감】 一: 규장본에는 '三'으로 되어 있다.

21) 【교감】 陰畫: 신조본에는 '地畫'으로 되어 있다. 의미상 차이는 없지만 앞 구절의 '陽畫'과 대비되도록 규장본에 따라 '陰畫'으로 바로잡는다.

세 근으로 논하자면【한 뭉치가 한 근에 해당한다.】 양획은 세 근을 온전히 얻고 음획은 다만 두 근만을 얻으니 하늘을 3으로 땅을 2로 셈하는 것이 또한 마땅하지 않겠는가!

乾之策, 二百一十有六, 坤之策, 百四十有四. 凡三百有六十, 當其之日.

하늘의 책수가 216이요, 땅의 책수가 144이다. 무릇 360이니 1년의 날수에 해당한다.

●
此六畫旣成之後, 或數畫皆純, 則用以求一爻之變者也.【詳下方.】

이 6획이 완성되고 난 후 더러 여러 획이 다 순전하다면 한 효의 변화를 구하여 쓴다.【아래쪽에 상세하다.】

○ 老陽之數九【卽純陽.】, 而易數之率【律.】用四.【揲之以四, 又四營成易.】 九乘以四, 則四九三十六.【每一陽爻得三十六策.】 乾卦六爻【六老陽.】, 凡得策二百一十有六.【九之積.】 荀爽云, "三六【三十者, 凡六.】百八十【綱數也.】, 又六六【六者, 六.】三十六【目數也.】, 合之, 則二百十六也."

노양의 수는 9이지만【곧 순양이다.】 역수의 률率【律이다.】은 4를 쓴다.【넷씩 세고 또 네 번 경영하여 역을 이룬다.】 9에 4를 곱하면 4×9=36이다.【하나의 양효마다 36책을 얻는다.】 건괘 6효가【여섯 개의 노양이다.】 무릇 책수 216을 얻는다.【9가 쌓인 것이다.】 순상은 "30×6【30이 모두 6개이다.】=180이요【강령綱領의 수이다.】, 또 6×6【6이 6개이다.】=36이니【항목의 수이다.】, 합하면 216이다"고 하였다.

○ 老陰之數六【卽純陰.】, 而易數之率【律.】用四.【象天地水火.】 六乘以四, 則四六二十四【每一陰爻得二十四策.】, 坤卦六爻【六老陰.】, 凡得策一百四十有四.【六之積.】 荀爽云, "二六【二十者凡六.】百二十【綱數也.】, 又四六【四者六.】二十四【目數也.】, 合之, 則百四十四也."

노음의 수는 6이지만【곧 순전한 음이다.】 역수의 률率【律이다.】은 4를 쓴다.【하늘과 땅, 물, 불을 상징한다.】 6에 4을 곱하면 4×6=24이다.【한 음효마다 24책을 얻는다.】 곤괘 6효가【여섯 개의 노음이다.】 모두 책 144개를 얻는다.【육이 쌓인 것이다.】 순상은 “20×6【20이 모두 6개이다.】=120이요【강령의 수이다.】, 또 4×6【4가 6개이다.】=24이니【항목의 수이다.】, 합하면 144개이다”고 하였다.

●

假令一筮之間, 其卦遇乾, 而其初畫與第二畫, 俱得老陽【三掛皆奇曰, 老陽.】, 則筮人抽上櫝【藏筴器.】, 取乾初九之策三十六枚【四九三十六.】, 乾九二之策三十六枚【合爲七十二.】, 合同滾轉【和合之.】, 亦四四揲之【勿分而爲二.】, 取末後之策四枚, 數回摩轉【照前法.】, 任抽其一【信手取.】, 以援卦者.【畫卦人.】 若是初九之策, 則初爻變【乾之姤.】, 若是九二之策, 則第二爻變【爲同人.】, 此所謂‘參伍以變’也.

가령 한번 점을 치는 사이에 건괘를 만났으나 그 초획과 제2획이 모두 노양을 얻었다면【세 번 걸어놓은 것이 모두 홀수일 때를 노양이라고 한다.】 서인筮人은 시초통에서【책을 보관해 놓는 그릇이다.】 건괘 초9의 책 36매(4×9=36)와 건괘 구2의 책 36매를 뽑아 취한 다음【합이 72개이다.】 합쳐서 굴려서【그것을 화합시킨다.】 마찬가지로 넷씩 세어【나누어 둘로 하지 않는다.】 맨 뒤의 책 4매를 취하여 여러 차례 굴려【앞의 방법에 따른다.】 임의로 그 하나를 뽑아서【손이 취한 것을 믿는다.】 괘자卦者에게 준다.【괘를 그리는 사람이다.】 만약 이것이 초9의 책이면 초효가 변하고【건괘가 구괘로 가는 경우이다.】 만약 구2의 책이면 제2효가 변한다.【동인괘가 된다.】 이것이 이른바 '삼오이변參伍以變'이다.

○ 大衍之策, 必用蓍莖, 而此策或是竹筴, 故經文至此, 始用策字.【筮字從竹, 若始終, 皆用蓍莖, 則不應從竹也. 簭筴等從竹.】 蓋於竹策之上, 各有標題, 題乾初九者, 若干枚【三十六.】, 題乾九二者, 若干枚【三十六.】, 餘皆倣此也. 若云不然, 經文何以云, 乾之策幾何, 坤之策幾何哉. 天成沒字之策, 混同藏之於蓍櫝之中, 而隱然號之, 曰乾之策坤之策, 天下無此孟浪也.

대연의 시책은 반드시 시초의 줄기를 사용하지만 여기 점대는 아마 대나무로 된 죽책일 것이다. 그러므로 경문에서 이에 이르러 비로소 책이라는 글자를 사용한 것이리라.【서筮라는 글자는 죽竹자에 의거하고 있거니와 만약에 시종 모두 시초의 줄기만을 사용한다면 죽竹자에 의거한 것과 부응하지 않는다. 서簭, 책筴 등의 글자도 역시 죽竹자에 의거하고 있다.】 아마도 죽책마다 각각 표제를 하기를, 건乾괘 초9 몇 매【36.】, 건乾괘 구2 몇 매【36.】 식으로 64괘 모두에 표제를 붙여야 한다. 그렇게 하지 않으면 경문이 어찌하여 건乾의 책 얼마, 곤坤의 책 얼마라고 하겠는가? 천성 그대로 글자도 없는 책을 혼동해서 시독 속에 넣어두고서는 은연히 말하기를, 건乾의 책 곤坤의 책이라 하니, 천하에 이런 맹랑한 일은 없을 것이다.

●

諸卦雖六爻俱純【皆老陽老陰.】, 用法掉脫, 必求一爻之變【說見下.】, 而乾坤二卦, 若六畫俱純, 卽六爻俱變, 不待布策, 而求變, 故周公之撰爻詞, 獨於乾坤二卦, 有用九用六, 他卦無此法也.

여러 나머지 괘들은 비록 6효가 모두 순획이 되어도 【모두 노양 또는 노음이 되는 것이다.】 용9나 육6의 방식이 적용되지 않고 반드시 하나의 효변을 구하게 되는데 【설명은 아래에 나온다.】 건乾과 곤坤 두 괘의 경우에는 만약 6효가 모두 순획이 되면 그 6효가 바로 모두 변하고 죽책들을 펼쳐서 하나의 변효를 구하는 과정을 거치지 않는다. 그러므로 주공이 효사를 지음에 있어서도 오직 건乾과 곤坤 두 괘에만 용9와 용6이 있고 다른 괘에는 이런 방식이 없는 것이다.

○ 且雖乾坤二卦, 若二三畫得純, 或四五畫得純者, 亦用法掉脫 【法見前.】, 以求一爻之變而已. 故周公之撰爻詞, 不爲數三爻雜變者而立文立[22]占. 盖以諸爻亂動, 則物象乖錯, 耳目手足, 喎斜不成, 馬牛羊豕, 顚踣不立, 故『周易』無此法也. 焦贛郭璞之倫, 狡獪恣雎, 遂刱諸爻亂動之法, 『周易』無此繇也.

게다가 비록 건乾과 곤坤 두 괘라고 해도 만약에 두세 획이 순획으로 되거나 혹은 네다섯 획이 순획으로 되는 경우에는 역시 용9·용6의 방법이 적용되지 않고 【이 방법은 앞서 설명했다.】 하나의 변효를 구해야 한다. 그러므로 주공이 효사를 지음에 서너 개의 효가 번잡하게 변하는 경우에 대해서는 글을 짓거나 점을 제시하지 않은 것이다. 일반적으로 여러 효가 어지럽게 변동하면 물상이 뒤섞여 어긋나게 되는데, 이목과

22) 【교감】 立: 신조본에는 '王'으로 되어 있으나, 규장본과 국중본에는 '立'으로 되어 있다. 이에 따라 바로잡는다.

수족이 뒤틀려 제대로 이루어지지 않으며 소나 말이나 양이나 돼지들이 엎치락뒤치락 제대로 서지 못한다. 그러므로 『주역』에 이런 방식은 없는 것이다. 초공이나 곽박의 무리들이 간교한 지혜로 제멋대로 꾸며서 결국 여러 효가 어지럽게 변동하는 방식을 만들어내었으나 『주역』에는 본래 그러한 주사가 없다.

●

乾坤之策, 亦二篇之策也. 二編之策, 卽其總數也. 於此特言乾坤之策, 何也? 曰, 乾坤者, 易之縕也. 六十二卦, 皆稟法於乾坤, 故特言之, 以立其率. 【律.】

건乾괘와 곤坤괘의 죽책도 역시 2편의 책에 속하는 것이니 2편의 책은 바로 총수인 것이다. 그런데 여기서 건乾괘와 곤坤괘의 죽책만을 특별히 먼저 언급한 것은 무엇 때문인가? 이를테면 건乾괘와 곤坤괘는 역의 근본이니, 나머지 62개 괘는 모두 건乾괘와 곤坤괘에서 파생되어 그것을 본받은 것이다. 그러므로 여기서 다만 그 건乾괘와 곤坤괘의 죽책만을 언급하여 비율의 전형을 보인 것이다. 【률率은 률律의 뜻이다.】

○ 朱子曰, "期, 凡三百六十五日四分日之一, 此特擧成數耳."

주자가 말했다. "기期는 무릇 365와 ¼일이니, 이는 성수成數를 특별히 예거한 것이다."

二篇之策, 萬有一千五百二十, 當萬物之數也.

상하 두 편의 책수가 11,520개이니 만물의 수에 해당한다.

●

朱子曰, "二篇, 謂上經·下經."

주자가 말했다. "2편이란 상경과 하경을 이른다."

○ 六十四卦, 其陽畫一百九十二【通乾卦計之.】, 皆以老陽之九, 而乘之以四【義見前.】, 則每一畫得三十六策【四九三十六.】, 合之爲六千九百一十二策也. 其陰畫, 亦一百九十二【通坤卦計之.】, 皆以老陰之六, 而乘之以四, 則每一畫得二十四策【四六二十四.】, 合之爲四千六百八策也. 通計陰陽爻之所得, 則其策爲萬一千五百二十, 皆所以求一爻之變者也.

64괘 중에 양획은 192개이니【건乾괘를 통틀어 계산한다.】 모두 노양의 9로서 하지만 4를 곱하면【뜻이 앞에 보인다.】 매 한 획마다 36책을 얻으니【4×9=36】, 합하면 6,912책이다. 음획도 192개이니【곤괘를 통틀어 합산한다.】 모두 노음의 6으로서 하지만 4를 곱하면 매 한 획마다 24책을 얻으니【4×6=24】, 합하면 4,608책이다. 음양의 효에서 얻어지는 것을 통털어 계산하면 그 책수가 11,520개가 되니 모두 한 효의 변화를 구하기 위한 것이다.

●

假令一筮之間, 其卦遇屯, 而其初畫與第二畫, 俱得純畫【初得老陽, 第二得老陰.】, 則筮人抽上韇取屯初九之策, 三十六枚【四九三十六.】, 屯六二之策, 二十四枚【四六二十四.】, 合同滾轉【合得六十策.】, 亦四四揲之【易數, 皆用四.】, 取末後之策四枚【法如前.】, 任抽其一. 若是初九之策, 則初爻變【屯之比.】, 若是六二之策, 則第二爻變【屯之節.】, 此所謂參伍以變也.

가령 서점을 함에 있어서 그 얻은 괘가 준屯괘의 초획과 제2획이 순획【초가 노양, 제2획도 노음이다.】을 얻었다면 서인은 시초통에서 준屯괘 초9의 책 36【4×9=36】, 육2의 책 24【4×6=24】를 뽑아 합쳐서 굴려서【합하여 60책을 얻는다.】 넷씩 센 다음【역수易數는 모두 4를 쓴다.】 제일 뒤의 책 4매를 취하여【방법이 앞에 나온다.】 그 가운데 하나를 뽑는다. 만약 그것이 초9의 책이면 초효가 변하는 것이고【준屯괘가 비比괘로 가는 것이다.】, 육2의 책이면 제2효가 변하는 것이다.【준屯괘가 절節괘로 가는 것이다.】 이것이 이른바 삼오이변參伍以變이다.

●

嗟呼. 古往今來, 說易者, 何限而萬一千五百二十之策, 終不肯一番推究, 以知其所發用, 則已而已而矣. 夫以萬一千五百二十之策, 藏之蓍室, 永久不動, 曰: 此萬物之象, 天下無此妄也. 天地萬物, 無一物不當其用, 則萬一千五百餘策, 亦必有所須用者也. 噫, 屯初九之策, 三十有六, 非有求於屯初九, 則無所用於此策也. 屯六二之策, 二十有四, 非有求於屯六二, 則無所用於此策也. 曰九曰六者, 陰陽變動之標也. 卦有是變動, 故策有是符應【數相應.】, 非所以求一爻之變者乎.

아! 예로부터 지금까지 『주역』을 논한 자를 어찌 한정할 수 있으리오마는 그런데도 이 11,520개의 죽책에 대해서는 끝내 한 번도 깊이 연구하여 그 사용처를 알려 하지 않고 오히려 그만두어 버리고 그만두어 버리고 했던 것이다. 저 11,520개의 죽책들을 시실에 보관만 해놓고 영영 쓰지 않으면서 말하기를, "이는 만물의 상징이다"라고만 하니 천하에 이런 황당한 일은 없을 것이다. 천지의 만물은 그 어떤 것도 용도가 없는 것은 없거니와 그렇다면 이 12,520개의 죽책도 또한 반드시 용처가 있을 것이다. 아! 준屯괘 초9의 죽책 36개가 준屯괘 초9를 구하는 데 사용되지 않는다면 이 죽책들은 달리 소용되는 바가 없는 것이고, 준屯괘 육2의 죽책 24개가 준屯괘 육2를 구하는 데 사용되지 않는다면 이 죽책들은 달리 소용이 없는 것이다. 9니 6이니 하는 것은 음양이 변동한다는 표시이다. 괘에 이런 변동이 있으니 죽책에도 이렇게 그에 부응하는 것이 있으니 【그 수가 서로 호응한다.】 한 효의 변화를 구하는 수단이 아니겠는가?

大抵十有八變之間, 不能無數, 三畫俱純者, 如果有數, 三畫俱純者, 其將若之, 何將數三畫俱變乎. 周公之所不作當於何, 而視繇也. 萬一千五百餘策, 不能不有作也. 其揲閱之, 雖不經見要之以四而爲率矣. 故宜以四而揲之也. 旣扐而掛其一 【謂大衍策初掛時.】, 亦嘗執四而抽一矣. 故宜於四而擢之也. 嗟乎, 豈不然哉.

대체로 18변을 하는 동아 서너 개 획이 함께 순획일 경우가 없을 수 없는데 만약에 서너 개 획이 같이 순획이라면 그것을 장차 어떻게 할 것인가? 그 서너 개 획을 한꺼번에 모두 변동시킬 것인가? 주공이 글을 지어놓지 않았거늘 어디에 맞추어서 주사를 살펴볼 것인가? 11,520개의 죽책을 만들어 놓지 않을래야 않을 수가 없는 것이다. 그 죽책들을 묶어서 헤아리는 방법이 비록 명시적으로 나타나지는 않았지만 요컨대 4를 그 비율로 삼은 것이므로 당연히 4개씩 묶어서 헤아리는 것이다. 손가락 사이에 두 번 끼우고 이후에 그 하나를 걸어둘 때도【대연의 시책을 처음에 걸어두는 때를 말하는 것이다.】 역시 먼저 4개를 집어서 그 하나를 뽑았다. 그러므로 이 죽책도 당연히 4개 가운데서 하나를 뽑는 것이다. 아! 어찌 그렇지 않겠는가!

●

或曰, "筮既得九, 業已變陰, 筮既得六, 業已變陽, 既變之後, 無由反本, 萬一千五百二十, 只足以指一爻, 而不足以回諸爻於既變, 亦將並觀其繇詞乎?"

어떤 사람이 질문하였다. "점쳐서 9를 얻었다면 이미 음으로 변한 것이고 점쳐서 6을 얻었다면 이미 양으로 변한 것이니, 변한 뒤에는 원래대로 되돌릴 수가 없는 것이다. 11,520개의 죽책은 단지 하나의 변효를 지시하는 데 불과하고 여러 효들은 되돌리기에는 부족하니, 이미 변한 다음에 또한 그 주사들을 모두 살펴서 고려하고자 하는 것이 아닌가?"

曰, "豈有是哉, 六位之中, 九六者唯一, 則此固神明之所指也. 若六位之內, 九六者多, 而萬數之策發揮而表著之, 亦神明之所指也. 其變其貞, 唯神是聽, 非神所指, 則雖九六, 而不變也. 九雖老陽未嘗非陽, 仍當以陽畫看也. 六雖老陰, 未嘗非陰, 仍當以陰畫看也. 筮者於此唯神是聽, 又安能容人力於其間哉."

대답하였다. "어찌 그런 고려가 있겠는가? 여섯 자리 가운데 9나 6이 오직 하나일 경우는 이것이 진실로 신명이 지목한 것이다. 만약 여섯 자리 가운데 9와 6이 여럿이라면 1만여 개의 죽책을 운용하여 밝혀내니 역시 신명이 지목한 것이다. 그것들이 변하고 변하지 않는 것은 오직 신명에 따르는 것이니 신명이 지목한 것이 아니라면 비록 9나 6이라도 변하지 못하는 것이다. 9가 비록 노양이라고 하지만 양이 아닌 것은 아니니 응당 양획으로 보아야 하고 6이 비록 노음이라고 하지만 음이 아닌 것은 아니니 응당 음획으로 보아야 하는 것이다. 점치는 자는 이런 경우에 오로지 신명에 따라야 하는 것이니 어찌 사람의 관여를 그 사이에 허용할 수 있겠는가!"

○ 曰, "神苟欲告我以故, 則六位之內, 豈可使多得九六以眩卦象哉?"

질문하였다. "천지신명이 진실로 나에게 어떤 일을 알려주시고자 한다면 여섯 자리 안에 어찌 9나 6이 여럿 나오게 하여 괘상을 애매모호하게 할 수 있다는 것인가?"

曰, "是, 不然, 九六者, 唯一則以之占事, 其所以占得失者, 宜亦簡徑而無礙, 九六者, 非一, 則其所以占得失, 宜亦紛紜, 而有梗神意, 在是矣【後世占法有所謂兄弟發動者, 多得九六者, 其占或當如此.】, 且筮者, 數也. 凡十八變之間, 所得天地之數【一二至九十.】, 又當合而計之, 以定日月, 遲速或測人物之多少神意在是矣."

답하였다. "그것은 그렇지 않다. 9나 6이 하나일 때는 그것을 가지고 바로 사안을 점치는데 이 경우는 득실을 점쳐 본 사안이 또한 간명하고 신속하게 진행되어 달리 구애되는 것이 없기 마련이기 때문이며 9와 6이 하나가 아닐 경우는 그 득실을 점쳐 봄에 또한 대개 복잡하고 어지러워 구애되는 것이 있기 때문이니 신명의 뜻은 바로 이런 데에 있는 것이다.【후대의 점법에 이른바 '형제발동兄弟發動'이라는 것이 있는데 9와 6을 여럿 얻은 경우의 점괘가 혹 이것에 해당하는 것이 아닌지 모르겠다.】 또한 점서라는 것은 수이니 대저 18변變하는 사이에 얻은 천지의 수【1, 2에서 9, 10까지이다.】를 또한 합하여 계산하기 마련인데 이에 따라 해와 달의 빠르고 늦음을 추정하고 혹은 인간과 사물의 성쇠를 헤아리니 신명의 뜻은 여기에 있는 것이다."

○ 或曰, "得九得六, 而猶未遽變, 則雖獨得純者, 豈可使不經萬策, 而徑占其繇乎?"

누군가 물었다. "9를 얻거나 6을 얻었는데도 오히려 곧바로 변하지 못하는 것이라면 비록 순획을 하나만 얻은 경우라고 해도 어떻게 1만개의 죽책을 거치지 않고 곧장 그 주사로 점치도록 할 수 있는가?"

曰, "卜筮之義, 紹天明也. 其變其靜, 唯神是聽, 吾何與於其間哉. 六畫而獨得純, 則此爻之變, 鬼神之所爲也. 吾何與哉, 雖以筮法言之, 假如屯初爻獨得九, 其揲萬數之策, 亦將單取其屯初九之策, 三十六數, 而揲之抽之, 畢竟所發不外乎屯初九, 則亦何用揲之抽之, 此其所以直變之而不疑也."

대답하였다. "복서의 뜻은 천명을 계시받고자 하는 것이다. 그 변함과 변하지 않음은 오직 신명에 따르는 것이니 자신이 어떻게 그 사이에 간여를 하겠는가? 여섯 획에서 순획을 하나만 얻었다면 이 효의 변화는 귀신이 그렇게 한 것이니 자신이 어찌 간여하겠는가? 비록 서법에 입각하여 말한다고 해도 예컨대 준屯괘에서 그 초효만이 9를 얻었다고 하면 그 해당하는 만수의 시책을 4개씩 헤아림에 있어 다만 그 준屯괘 초9의 죽책 36개만을 취하여 4개씩 헤아리고 뽑으니 필경 뽑히는 것은 준屯 초9의 죽책 이외의 것이 아닐진대 또한 무엇하려 다시 헤아리고 뽑고 하겠는가? 이상이 순획이 하나인 경우 곧바로 변하게 하는 까닭이니 그대는 미심쩍어할 것이 없다."

是故, 四營而成易, 十有八變而成卦.

그러므로 네 번 경영하여 역을 이루고, 열여덟 번 변하여 괘를 이룬다.

●

朱子曰, "四營, 謂分二掛一, 揲四歸奇也.【經文於此四箇事, 皆有'象'字.】 易者, 一變也. 易之爲文, 日月也.【字從日從月.】 日月者, 陰陽也. 故一變旣而陰陽著者, 謂之易也."

주자가 말했다. "사영四營이란 두 부분으로 나누고 하나를 걸어두며 넷씩 묶어 헤아리고 나머지들을 손가락 사이에 끼우는 것을 말한다.【경문에는 이 네 가지 일에 모두 '상象'자가 들어가 있다.】 역은 한 차례의 변화이다. 역이라는 문자는 일과 월로 이루어져 있는데【글자가 일日자와 월月자에 의거한다.】 그 해와 달은 음양이다. 그러므로 한 차례의 변화가 완료되어 음과 양이 분명히 드러난 것을 역이라고 말한 것이다.

○ 三變而一畫成【三揲爲三變.】, 十八變, 則六畫成. 故始得一卦.

세 번 변화하여 한 획이 성립하니【세 차례 시책을 헤아림이 3변이 된다.】 18번 변화하면 여섯 획이 성립하여 비로소 한 괘를 얻게 된다.

八卦而小成, 引而伸之, 觸類而長之, 天下之能事畢矣.

8괘로 작게 이루나 신장되고 촉발시켜 확장되니 세상의 모든 가능한 일들이 갖추어진다.

●

朱子曰, "謂九變而成三畫, 得內卦也."

주자가 말했다. "9번 변화해서 3획을 이루는 것을 말하니 내괘를 얻은 것이다."

○ 經文之例, 每以單卦名之曰, '八卦', 其實, 或震或兌, 只指所得之一卦, 非並指其八也. 此, 文例也.

경문의 용례가 매번 단괘를 이름하여 8괘라 하는데 실제로는 단지 진震이나 태兌 등 어떤 한 괘를 지칭하는 것이며 그 8괘 모두를 말하는 것이 아니다. 이는 글의 용례이다.

○ 內卦旣成, 又引而展之, 以成外卦.【伸, 展也.】 重卦旣成, 又觸動其相似者, 而滋長之, 此謂察九六之純, 而求一爻之變, 以兼二卦之妙用也.【本卦與之卦爲二.】 本卦【句.】之卦, 其形相類【乾與姤相似.】, 故曰: '觸類'也. 六十四卦, 滋之爲四百五十.【乾坤得十六卦, 屯蒙已下, 得四百三十四卦, 合之, 爲四百五十. ○ 乾坤之外, 每六爻得六卦, 並本卦而爲七.】 故曰, '觸類而長之'也.

내괘가 이미 성립하면 또 그것을 늘리고 펼쳐서 외괘를 이루고【신은 펼친다는 뜻이다.】 이렇게 중괘가 성립하면 또한 그와 유사한 것을 촉발시켜 더욱 확장하는데 이는 9나 6의 순획을 살피고 하나의 효변을 구하여 두 괘의 묘용을 아우르는 것을 말한다.【본괘와 지괘로 두 괘가 된다.】 본괘와 지괘는 그 형태가 서로 유사하니【예컨대 건乾괘와 구姤괘는 서로 유사하다.】 유사한 것을 촉발시킨다고 말하는 것이다. 64괘가 확장되면 450가지가 되는데 【건乾괘와 곤坤괘는 16괘가 되고 준屯괘와 몽蒙괘 이하는 434괘가 되는데 합하면 450개가 된다. ○ 건乾과 곤坤괘 이외에는 각각의 6개 효가 6가지 괘를 얻으니 그 본괘와 아울러 7가지가 된다.】 그러므로 유사한 것을 촉발시켜 확장한다고 한다.

●

或曰, "『國語』有貞屯悔豫之卦【重耳筮反國.】, 是六爻之內, 三爻【初四五.】亂動也. 『左傳』有艮八之隨之卦【穆姜筮出宮.】是五爻, 皆動而唯一畫不動也【第二畫.】, 諸爻亂動, 其證如此, 則六十四卦之變之爲四千九十六卦【每一卦得變爲六十四.】, 不是焦延壽之臆刱也. 今但滋之爲四百五十, 抑何據也?"

혹자가 말했다. "『국어』에 정준회예貞屯悔豫라는 괘가 나오는데 【중이가 귀국하는 일에 대해 점친 것이다.】 이는 여섯 효에서 3효가 【1, 4, 5효이다.】 복잡하게 변동한 것이다. 『좌전』에는 간艮괘 8이 수隨괘로 변해간다는 괘가 있는데 【목강이 자신의 유폐가 풀릴지 여부에 대해 점친 것이다.】 이는 다섯 효가 모두 변동하고 오직 한 획만이 변동하지 않은 것이다. 【두 번째 획이 불변이다.】 여러 개의 효가 복잡하게 변동한 증거가 이와 같음에 따라서 64괘가 변하여 4,096괘로 되는 것은 【각기 하나의 괘가 변하여 64괘로 된다.】 초연수가 제멋대로 지어낸 것이 아니다. 그런데 지금 64괘가 확장되어 단지 450괘가 된다고 하니 도대체 어떤 근거에 따른 것인가?"

曰, "據『晉語』云, 貞屯悔豫, 皆八【少陰數.】, 說者, 曰, 屯卦之二三上爻, 皆不變動, 故謂之八【沙隨易說云.】, 此喑啞之言也. 以余觀之, 屯卦之初四五爻, 一時俱動, 謂之屯九, 可也.【初五皆陽爻.】 謂之屯六, 亦可也【四本陰.】, 謂之'皆八', 可乎. 一卦六畫之中, 半動半靜, 而混圇[23]書之, 曰'皆八', 天下無此文也. 卽所謂艮之八, 亦然, 此明是夏商之舊法, 故杜征南云: 連山·歸藏, 以七八占, 杜君親註, 春秋明知當時官占之法. 如陳敬仲觀之否【莊二十二年.】, 畢萬屯之比【閔元年.】, 成季友大有之乾【閔二年.】, 晉伯姬歸妹之睽【僖十五年.】, 晉文公大有之睽【僖二十五年.】, 崔武子困之大過【襄二十五年.】, 叔孫豹明夷之謙【昭五年.】, 孔成子屯之比【昭七年.】, 南蒯坤之比【昭十二年.】, 陽虎泰之需【哀八年.】, 皆一爻有變, 而其法明確, 故知所謂屯之豫, 艮之隨者, 皆是夏商之舊法, 周易無此法也. 周易有此法, 則周公其有詞矣."

답하였다. "『국어』「진어」에서 '정준회예에 모두 8이다'라고 하였는데,【8은 소음의 수이다.】 이를 해석하는 자들이 말하기를, '준屯괘에서 8에 해당하는 2, 3, 6효는 모두 변동하지 않으니 8이라 한다'고 하니【사수沙隨의 역설에서 이렇게 말했다.】 이는 벙어리 신음소리 같은 엉터리 말이다. 내가 볼 때는 준屯괘의 1, 4, 5효가 동시에 모두 변동하니, 그것을 '준屯 9'라 말하는 것은 가능하며【1, 5위가 모두 양효이다.】 '준屯 6'이라 하는 것도 또한 가능하다.【제4위가 본래 음효이다.】 그러나 '모두 8'이라고 하는 것이 과연 가능한가? 한 괘의 여섯 획 가운데서 반은 변동하고 나머지 반은 그대로 있거니와, 그런데 이를 뒤섞어 구분하지 않고 적어 '모두 8'이라고 말하니 세상에 이런

23)【교감】圇: 신조본에는 '圇'로 되어 있다. 두 가지가 다 무방할 듯하다.

글은 있을 수 없다. 이른바 '간艮괘의 8'이라는 것도 역시 그러하다. 이런 사례들은 필시 하나라 상나라 때의 구법임이 분명하다. 그러므로 두정남杜征南(두예杜預)이 말하기를 '연산역과 귀장역은 7과 8로 점친다'라고 하였던 것이니, 두정남은 친히 『춘추』를 주석할 정도였으니 당시의 관점의 방식을 명확히 알고 있었던 것이다. 예컨대 진경중의 관觀괘가 비否괘로 변한 사례 【장공 22년이다.】, 필만의 준屯괘가 비比괘로 변한 사례 【민공 원년이다.】, 성계우成季友의 대유大有괘가 건乾괘로 변한 사례 【민공 2년이다.】, 진晉 문공의 대유大有괘가 규睽괘로 변한 사례 【희공 25년이다.】, 최무자의 곤困괘가 대과大過괘로 변한 사례 【양공 25년이다.】, 숙손표의 명이明夷괘가 겸謙괘로 변한 사례 【소공 5년이다.】, 공성자의 준屯괘가 비比괘로 변한 사례 【소공 7년이다.】, 남괴의 곤坤괘가 비比괘로 변한 사례 【소공 12년이다.】, 양호의 태泰괘가 수需괘로 변한 사례 【애공 8년이다.】 등 모두 하나의 효가 변한 것으로 그 방식이 명확하다. 그러므로 이른바 '준屯괘가 예豫괘로 변해가는 것'이나 '간艮괘가 수隨괘로 변해가는 것'은 모두 하나라와 상나라의 구법이고, 『주역』에는 이런 방식이 없음을 아는 것이니, 『주역』에 만약 이런 방식이 있었다면 주공이 그에 해당하는 글을 지어 남겼을 것이다."

參伍以變, 錯綜其數, 通其變, 遂成天地之文, 極其數, 遂定天下之象. 【虞翻·陸績本, 文作爻.】

이리저리 뒤섞고 견주어 변화를 이루고 그 수를 뒤섞어서 그 변화에 통하여 천지의 무늬를 이루고 그 수를 끝까지 다해 천하의 상象을 정한다. 【우번과 육적의 책에는 문文이 효爻로 되어 있다.】

●

'參', 與也.【又物不齊, 曰'參差'.】 '伍', 猶互也.【參·伍, 皆同列之名.】 '錯', 差也.【又雜也.】 '綜', 機縷也.【絲縷之差錯者曰'綣綜'.】 '通其變', 謂之六畫之中, 參互彼此, 而求其當變者也.【六畫相通, 故曰'通'.】 '極其數', 謂用萬數之策, 究極發揮, 而得其必變者也.【諸爻亂動, 而只變一爻.】 '天地之文', 猶言陽陰[24]之爻也.【'爻'者, 效也, 效天地之文.】 '天下之象', 所謂萬物之情也. 一爻既變, 物象之往來存亡者, 乃可定也.

'참參'은 참여할 여與의 뜻이다.【또 물건들이 가지런하지 못한 상태를 '참치參差'라고 한다.】 '오伍'는 뒤섞을 호互의 뜻이다.【참과 오는 모두 동렬同列의 명칭이다.】 '착錯'은 어긋날 차差의 뜻이다.【섞일 잡雜의 뜻도 있다.】 '종綜'은 베틀의 실 가닥이다.【실 가닥들이 서로 엉클어져 있는 것을 착종綣綜이라 한다.】 '통기변通其變'은 6획 가운데서 이것저것을 비교 검토해 보고 응당 변해야 할 획을 구하는 것이다.【6획은 서로 통해 있으므로 '통'이라 한다.】 '극기수極其數'는 만 가지의 책수策數로 끝까지 발휘하여 반드시 변해야 하는 획을 얻는 것이다.【뭇 효가 어지러이 움직이지만 변하는 것은 한 효뿐이다.】 '천지지문天地之文'은 마치 음양의 효라는 말과 같다.【효爻는 본받을 효效의 뜻이며 천지의 무늬를 본받는 것이다.】 '천하지상天下之象'은 이른바 만물의 정황이다. 한 효가 이미 변하고 나면 물상物象 중에서 가고 오는 것과 사라지고 보존되는 것이 확정될 수 있다.

○ 荀子曰, "窺敵制變, 欲伍以參."【又「成相」詞云, "參伍明謹施賞刑."[25]】

---

24)【교감】陽陰: 규장본에 '陰陽'으로 되어 있다.

韓非子曰, “省同異之言, 以知朋黨之分, 偶參伍之驗, 以責陳言之實.”【又參之以此物, 伍之以合參.】『史記』曰, “必參而伍之.”【又曰, “參不失.”】『漢書』曰, “參伍其賈, 以類相準.”【又云, “欲問馬先問牛參伍之, 以得其實.”】楊倞荀子注曰, “伍·參, 猶雜也.”【朱子曰, “參者, 三數之. 伍者, 五數之.”】

순자가 말했다. “적진을 살피고 적군의 동태를 정탐하는 데는 뒤섞여서 있기를 바란다.”【또 「성상成相」편에는 “이리저리 뒤섞어서 비교해 보고 상황을 분명히 안 뒤에 상벌을 신중하게 시행한다”는 사詞가 있다.】 한비자가 말했다. “말의 같고 다름을 살펴서 붕당의 구분을 알고, 이리저리 비교해 보는 과정을 거쳐 진언한 말의 진실성을 가린다.”【또 이것으로서 그것을 비교하고 비교한 것을 종합해서 검토한다.】『사기』에서 말했다. “반드시 참고하고 비교 검토하라.”【또 “참고하고 비교하면 과실이 없을 것이다”라고 하였다.】『한서』에서 말했다. “물건의 가치를 비교 검토하려면 비슷한 것끼리 서로 견주어본다.”【또 “말에 대해 묻고자 하면 먼저 소에 대해 묻고 그것을 서로 비교 검토하여 실익을 챙긴다”고 하였다.】『순자』 양경주에서 말했다. “오伍와 삼參은 마치 뒤섞음 잡雜과 같다.”【주자가 말했다. “삼參은 셋씩 세는 것이고 오伍는 다섯씩 세는 것이다.”】

25)【교감】又成相詞云參伍明謹施賞刑: 이 쌍주는 규장본에는 빠져 있다. 신조본에 따른다.

易有太極, 是生兩儀, 兩儀生四象, 四象生八卦, 八卦定吉凶, 吉凶生大業.

역에 태극이 있으니 이것이 양의를 낳고 양의가 사상을 낳고 사상이 팔괘를 낳는다. 팔괘는 길흉을 정하고 길흉이 대업을 낳는다.

●

'太極'者, 五十策之未分者也. 【三極未著, 故名曰, '太極'.】 '兩儀'者, 分而爲二, 以象兩者也. 【儀, 容也, 法也.】 '四象'者, 揲之以四, 以象四者也. 【象, 形也, 似也.】 八卦者, 內卦外卦之或震或兌者也. 【卽八卦, 而小成之八卦.】 太極者, 六十四卦之囫圇無別者也. 【五十策之中, 具六十四卦之胚胎.】 兩儀者, 乾坤二卦之儀倣也. 【八卦之乾坤.】 四象者, 十二辟卦分配四時之象似也. 【天地水火, 配四時.】 八卦者, 震坎以成屯, 坎艮以成蒙者也. 【故曰, '八卦定吉凶.'】

태극은 50개의 점대가 아직 나뉘지 않은 것이다. 【3극이 아직 드러나지 않았기 때문에 '태극'이라 한다.】 양의는 둘로 나뉘어져 2를 상징한다. 【'의儀'는 용모, 법칙이다.】 사상은 넷씩 세어서 4를 상징한다. 【'상象'은 꼴, 유사한 모양이다.】 팔괘는 내괘 외괘가 진震이기도 하고 태兌이기도 하는 것이다. 【곧 8괘로서 소성小成의 8괘이다.】 태극은 64괘가 뒤섞여 구별이 없는 것이다. 【50개의 점대 안에 64괘의 배태胚胎가 갖추어져 있다.】 양의는 건과 곤 두 괘의 의방儀倣이다. 【8괘의 건乾·곤坤이다.】 사상은 12벽괘가 네 계절의 형상에 분배한 것이다. 【하늘, 땅, 물, 불이 4계절에 분배된다.】 8괘는 진震과 감坎이 준屯괘를 이루고 감坎과 간艮이 몽蒙괘를 이루는 것이다. 【그러므로 '8괘가 길흉을 정한다'고 한다.】

'極'也者, 屋極之義. '屋極'者, 屋脊也. 【卽甍脊.】 一棟爲之脊, 而衆桷分出, 亦猶大衍之策爲之極, 而兩儀·四象皆於是乎分出也. 【與皇極[26]同義.】 '儀'也者, 形容也. 如渾天儀, 爲渾天之形容

26) 【교감】 皇極: 규장본에는 '屋極'으로 되어 있다. 의미는 다르지만 두 가지 다 무방할 듯하다.

而已, 非直渾天也. 黃道儀, 爲黃道之形容而已, 非直黃道也. 蓍策之分而爲二者, 爲天地之形容而已, 非直天地也. 【又'儀', 法也, 度也. 謂以此物法彼物.】

'극極'이라는 것은 지붕의 끝이라는 뜻이다. '지붕의 끝'은 지붕의 등성마루이다. 【곧 용마루이다.】 하나의 마룻대가 그것의 용마루가 되고 뭇 서까래가 갈라져 나온 것이 마치 대연大衍의 책수가 그것의 극極이 되어서 양의와 사상이 모두 여기에서 나뉘어 나온 것과도 같다. 【황극과 같은 뜻이다.】 '의'라는 것은 형용하다의 뜻이다. 마치 혼천의渾天儀가 혼천渾天을 형용할 따름이지 혼천 자체는 아니며, 황도의黃道儀가 황도黃道를 형용할 따름이지 황도 자체가 아닌 것과 같다. 시책이 나뉘어 둘로 되는 것은 하늘과 땅을 형용할 따름이지 하늘과 땅 자체가 아니다. 【또 '의'는 법으로 삼다, 법도의 뜻이다. 곧 이것을 저것을 법으로 하여 좇는다는 말이다.】

'象'也者, 倣似也. 優孟象孫叔敖者, 得孫叔敖之倣似而已. 蓍策之揲之以四者, 謂四時之象, 依俙彷彿於此間也. 【「大傳」云, '象者, 像也'.】

'상象'이란 것은 비슷한 것을 모방하는 것이니, 우맹優孟이 손숙오孫叔敖를 상象한다(시늉한다) 함은 손숙오의 비슷한 면을 본뜨는 것일 따름이다. 시책을 4개씩 헤아려 나가는 것도 사시의 양태를 그런 과정 중에 어렴풋이나마 비슷하게 형용함을 말하는 것이다. 【「대전」에서 '상象은 상像이다'라고 하였다.】

此其爲蓍策分[27]揲之名確然無疑, 而說易之家, 乃以爲庖羲畫卦之法, 則儀象二字, 不可訓也. 何者, 包羲畫卦之初, 先畫兩畫【卽一陽一陰.】, 是於八卦之制, 已[28]屬眞本, 名之爲儀, 無義也.【非但形容而止也.】 次加四畫【卽二畫之卦.】, 是於八卦之體, 遂爲實用, 名之爲象, 無義也.【非但倣似而止也.】

이상으로 그 시책을 나누고 헤아리는 명칭임이 확실하여 의문의 여지가 없는데 『주역』을 해석하는 자들이 도리어 포희가 괘를 그린 방식이라고 여기고 있으니 그렇게 본다면 의儀와 상象 두 글자를 해석할 수 없다. 왜냐하면 포희가 처음에 괘를 획정할 적에 먼저 음과 양 두 획을 그렸는데【즉 한 번은 음으로 되고 한 번은 양으로 되는 것이다.】 이것은 8괘의 제정이라는 측면에 있어 이미 진본에 해당되는 것으로 그런 것을 이름하여 '의儀'라고 할 까닭이 없다.【이 두 획은 형용하고 마는 것이 아니다.】 그 다음으로 각각 4개의 획을 부가하는데【곧 두 획으로 된 괘이다.】 이는 8괘의 본체라는 측면에 있어 마침내 실제적인 쓰임을 이룬 것이니 이런 것을 이름하여 '상象'이라고 할 까닭이 없는 것이다.【단지 유사한 것으로 그치는 것이 아니다.】

夫讀聖經, 而求聖道, 其字義名實最宜精核, 不可漫漶如是也. 何況八卦之下繼之云, '八卦定吉凶'. 庖羲始畫之初, 非筮非占, 其云'八卦之定吉凶'者, 當作何解. 乾坤震巽坎离[29]艮兌, 本無吉凶, 亦無悔吝吉凶, 安所定矣, 大業安所生矣.

---

27)【교감】分: 규장본에는 '兮'로 되어 있다.
28)【교감】已: 신조본에는 '己'로 되어 있으나 바로잡는다.
29)【교감】离: 규장본에는 '離'로 되어 있으나 신조본에 따른다.

대저 성인의 경전을 읽고 성인의 위대한 도를 구함에 있어 그 문자의 뜻과 명칭의 의미를 마땅히 치밀하게 따져서 고구해야 하거늘 이와 같이 함부로 해석할 수는 없는 것이다. 더욱이 8괘 다음에 이어서 '8괘가 길흉을 결정한다'고 하였거니와 포희가 처음 획을 고안했을 때는 시책을 운용한 것도 아니고 점을 친 것도 아니었으니, 여기서 말하는 8괘의 길흉 결정은 또한 어떻게 해석해야 할 것인가? 건乾, 곤坤, 진震, 손巽, 감坎, 리离, 간艮, 태兌에는 본디 길흉이 없으며 또한 회린도 없다. 그러니 길흉이 어디에서 정해질 것이며 '대업'인들 어디에서 생겨나겠는가?

●

雖然[30], 曰太, 曰兩, 曰四, 曰八之本, 仍當體究. 盖此易興之前, 先有所謂'太極'者存焉. 故大衍之易, 得以倣彼, 而有之也. 【有太極.】 先有所謂兩與四者, 存焉, 故分而二揲以四者, 得以象彼而爲之也. 又所謂一生兩, 兩生四, 四生八者, 先有其理, 故範圍天地者, 得以效法而爲之也.

비록 그렇기는 하지만 '태太', '양兩', '사四', '팔八'이라 한 것의 근본은 또한 마땅히 자세히 고구해 보아야 한다. 대저 이런 『주역』이 나오기 전에 먼저 이른바 '태극'이라는 것이 존재했기에 대연의 역이 그것을 본떠서 가지게 된 것이다.

30) 【교감】 '雖然' 이하의 문단은 신조본에서는 윗 문단에 이어져 있으나, 규장본은 행을 달리하였다. 글의 내용으로 볼 때 규장본에 따라 행을 달리하였다.

【태극이라는 상징을 가지게 된다.】 먼저 이른바 둘과 넷이 존재했던 것이니 그러므로 '둘로 나누고 넷씩 헤아리는 방식'은 그것을 본떠서 그렇게 하는 것이다. 또 이른바 하나가 둘을 낳고 둘이 넷을 낳고 넷이 여덟을 낳는다는 것은 먼저 그러한 이치가 있는 것이다. 그러므로 천지를 둘러싼 것을 본떠서 그렇게 말한 것이다.

太極者, 誰也. 天地之胚胎也. 兩者, 誰也. 輕淸者, 位乎上【天.】, 重濁者, 位乎下【地.】, 此之謂'兩'也. 四者, 誰也. 天地水火, 體質各分, 位次有等, 此之謂'四'也.【「表記」云, "天火尊而不親, 地水31)親而不尊."】 四者旣立, 天火相與, 而雷風以生【天包火爲雷, 又火與天爲風.】, 地水相比, 而山澤以成【水削土爲山, 又土圍水爲澤.】, 此四之所以生八, 而八卦之所以八, 在是也.

태극이란 무엇인가? 천지의 시초이다. 양의란 무엇인가? 가볍고 맑은 것이 위【하늘이다.】에 자리하고 무겁고 흐린 것이 아래【땅이다.】에 자리한 것, 이것을 일컬어 양의라고 한다. 4상이란 무엇인가? 천지수화가 체질이 각각 나뉘고 위계에 등급이 있게 된 것, 이것을 일컬어 4상이라고 한다.【「표기」에서 "하늘과 불은 존중하되 가까이하지 않고 땅과 물은 가깝되 존중하지 않는다"고 하였다.】 네 개가 서고 나면 하늘과 불이 서로 어우러져 우레와 바람이 생겨나고【하늘이 불을 품어 우레가 되고, 불이 하늘과 어우러져 바람이 된다.】 땅과 물이 서로 가까이하여 산과 못이 이루어지니【물이 흙을 깎아 산이 되고 흙이 못을 막아 못이 된다.】 이것이 네 개가 여덟 개를 낳는 방법이요, 8괘가 여덟 개인 까닭도

31)【교감】地水: 규장본에는 '水火'로 되어 있으나 신조본에 따른다.

여기에 있다.

然一生兩, 兩生四, 四生八, 而爲卦者, 庖羲畫八之時, 所儀象而爲之也. 大衍之數, 以爲極【當太極.】, 乾坤之卦, 以爲兩【當天地.】, 十二辟卦, 以爲四【當四時.】, 或震或巽, 以當八【不必全有八.】, 而爲卦者【爲重卦.】, 筮人揲蓍之時, 所儀象而爲之也. 彼象四氣【卽天地水火.】, 此象四時者【卽春夏秋冬[32].】, 四氣之運, 以配四時也. 彼以全八爲八卦【伏羲之八卦.】, 此以八卦之一二卦爲八卦者【或震或巽只二卦.】, 法象具而理義顯也. 乃自漢魏以來, 直以天地名之爲兩儀, 儀也者, 形容也, 卽彼穹然之蒼, 隤然之黃, 皆假天地也. 烏乎可哉!【先儒以八卦之二畫者[33]爲四象.】

그러나 1이 2를 낳고 2가 4을 낳고 4가 8을 낳아서 괘를 이루는 것은 포희가 8획을 그을 때에 법으로 본따서 만든 것이다. 대연의 수는 극이 되고【태극에 해당한다.】 건곤의 괘는 2가 되고【하늘과 땅에 해당한다.】 12벽괘는 4로 삼았다.【사시에 해당한다.】 진震이나 손巽 등을 여덟에 배당하여서【이 경우 반드시 8가지가 모두 있어야 하는 것이 아니다.】 괘를 설정하는 것은【중괘가 된다.】 서인이 시책으로 점을 칠 때 모방하여 그렇게 하는 바이다. 전자의 포희 획괘에서는 사기를 상징하였는데【곧 천지수화이다.】 후자의 점치는 데 있어서는 사시를 상징하는 것은【곧 춘하추동이다.】 사기의 운행이 사시에 상응하기 때문이다. 전자는 여덟 개 괘 전부를 8괘로 삼았는데【복희의 8괘이다.】

---

32)【교감】春夏秋冬: 신조본에는 '春秋冬夏'의 순으로 되어 있으나 규장본에 따라 바로잡는다.

33)【교감】者: 규장본에는 빠져 있다.

후자는 8괘 중의 한두 개 괘를 8괘로 삼는 것은 【진震이 되거나 손巽이 되거나 하여 단지 두 개 괘가 결합한다.】 여러 사상과 물상이 두루 갖추어짐에 이치와 의미가 분명히 드러난 것이다. 그런데 한위 시대 이래 곧바로 천지를 양의라고 이름하였거니와 의라는 것은 형용한 것이라는 말인데 그렇다면 저 드높이 솟아 있는 푸른 하늘과 부드럽게 깔려 있는 황토 대지는 가짜 천지인 것이니, 아! 어찌 가당키나 하리오! 【선유들은 8괘의 두 획을 가지고 사상이라 간주하였다.】

●

鄭玄, 以木火金水爲四象, 則木火金水無以生八卦也. 其言嘗云, "天一生水, 地二生火", 今乃云, '以水火而生天地' 【八卦之二, 卽天地.】, 悖理甚矣.

정현鄭玄은 목화금수木火金水를 4상으로 여겼는데, 목화금수는 8괘를 낳을 수가 없다. 그는 일찍이 "천1이 수水를 낳고 지2가 화火를 낳는다"고 말하였는데, 다시 '수화水火로써 천지天地를 낳는다'고 말하는 격이니 【8괘 중의 2개가 천지이다.】, 도리에 너무나 어긋난다.

○ 虞翻, 以男女長少爲四象, 則有天地, 然後有男女 【咸卦文.】, 震艮立, 而後長少形, 今謂之男女長少, 却生八卦, 可乎!

우번虞翻은 남녀의 나이 많음과 적음으로써 4상을 삼았다. 그렇다면 천지가 있고 나서야 남녀가 있게 되고 【함咸괘의 글이다.】, 진震과 간艮이 서고 나서야 나이의 많고 적음이 나타나게 되는 것인데, 이제 남녀의 나이 많음과 적음이 8괘를 낳는다고 말하는 것이 될 말인가!

○ 侯果, 以神物·變化·垂象·圖書爲四象, 則兩儀八卦加減不得, 而神物等四者, 其類甚多, 不足爲截然之四也.

후과侯果는 신물神物·변화變化·수상垂象·도서圖書를 4상으로 여겼다. 그렇다면 양의와 8괘는 가감할 수가 없고, 신물 등의 네 가지는 그 종류가 매우 많아서 딱 잘라 네 가지로 만들기에 부족하다.

○ 近儒, 又或以分而爲二, 以象兩【象.】, 掛一以象三【象.】, 揲之以四, 以象四【象.】, 歸奇於扐, 以象閏【象.】爲四象, 則分而爲二, 以象兩, 卽兩儀也. 旣爲兩儀, 而復爲四象, 無是理也.

근유가 둘로 나뉘는 것으로써 양을 상징하고【상象.】 하나를 걸어서 4을 상징하고【상象.】 넷씩 세어서 4를 상징하고【상象.】 나머지를 손가락 사이에 끼워서 윤달을 상징하는【상象.】 것을 4상이라 하는 것은 나누어 2가 되어 양을 상하는 것이 곧 양의이어서, 이미 양의가 되었는데 다시 4상이 된다고 하는 것은 옳지 않다.

○ 總之, '四象'者, 四時之象也. 天包於外, 日月運行, 而天地水火之氣, 行於其間, 無時不在, 第以其寒暑之相近者, 而配之於四時. 故揲四之法, 以象四時, 而天地水火之象, 亦寓其中矣.

총괄컨대, '4상'은 4시의 상이다. 하늘은 바깥을 에워싸고 해와 달이 운행하여, 천지수화天地水火의 기氣가 그 사이에 다니며, 있지 아니한 때가 없다. 다만 차고 더운 성질이 서로 가까운 것으로써 4시에 배당하였을 뿐이다. 그러므로 넷씩 세는 방법으로써 4시를 상징하고 천지수화의 상도 그 가운데 깃든다.

是故, 法象莫大乎天地, 變通莫大乎四時, 懸象著明莫大乎日月.

그러므로 상象을 본뜨는 것이 천지보다 큰 것이 없고, 변하여 통하는 것이 사시보다 큰 것이 없고, 상象을 매달아 밝게 드러나는 것이 해와 달보다 큰 것이 없다.

●

'天地'者, 兩儀之所儀也, 爲諸卦之父母【八卦之乾坤.】, 故法象最先也.【法象, 只是'儀'字之注脚.】 '四時'者, 十二辟卦也, 十二辟卦, 變之爲五十衍卦, 故曰, '變通莫大'也. '日月'者, 中孚小過也, 大离之日【中孚爲兼离.】·大坎之月【小過爲兼坎.】, 積坎离之畸贏, 以成再閏【二卦自坎离而變.】, 故曰'日月著明'也. 此, 皆蓍[34]卦之精義也.

'하늘과 땅'은 양의兩儀에 의해 상징된 것으로, 모든 괘의 부모가 되므로【8괘의 건乾과 곤坤이다.】, 가장 먼저 상징화하였다.【법상法象은 '의儀'자의 각주일 뿐이다.】 '4시'는 12벽괘로 상징된 것으로써, 12벽괘가 변하여 50연괘가 되므로, '변통이 막대하다'고 한다. '해와 달'은 중부中孚괘와 소과小過괘로 상징된 것으로써, 큰 리离의 해와【중부中孚괘가 겸획한 리离가 된다.】 큰 감坎의 달이【소과小過괘가 겸획한 감坎이 된다.】 감坎과 리离의 우수리를 쌓아서 두 번의 윤달을 이루므로【두 괘는 감坎과 리离로부터 변한다.】, '해와 달은 드러나 밝다'고 한다. 이는 모두 점치는 일의 정밀한 뜻이다.

---

34)【교감】蓍: 신조본에는 '著'로 되어 있으나 규장본에 따라 바로잡는다.

易有四象, 所以示也. 繫辭焉, 所以告也.

『역』에 4상이 있음은 보여주기 위한 것이며, 거기에 말씀을 붙임은 알려주기 위한 것이다.

●

四象, 謂四時之象, 卽十二辟卦也. 揲之以四, 所以象此也. 若云, 四象是老小陰陽之名, 陰陽亦無所繫辭矣.

4상은 4시의 상을 가리키니, 곧 12벽괘이다. 넷씩 세어서 이를 본떴다. 만약 4상을 노소老少의 음양陰陽의 명칭이라고 말한다면, 음양은 또한 말씀을 달아맬 곳이 없다.